JN065476

面倒な発音記号がなくても大丈夫

ピーター・バラカン式

英語 発音ルール

Peter Barakan
ピーター・バラカン

駒草出版

本書のための前書き (2021年6月20日)

　この本を今から12年前の2009年、NHK出版から『猿はマンキ　お金はマニ』というタイトルで最初に出版しました。

　その後色々な変化がありました。本を書くそもそものきっかけとなった『Begin Japanology』は2014年から『Japanology Plus』と企画が若干変わりましたが、いまだに放送されています。そのころから、世界のどこかで観ている視聴者がYouTubeにアップロードした番組を、また世界のどこかで、多くの場合はマンガやアニメへの興味から日本に対する好奇心が高じて、インタネットで適当に「Japan」などで検索してたまたま番組を発見する人が増え出しました。そうこうしているうちにSNSを通じてジャパノロジーのファンから定期的に連絡を受けるようになり、そういう人たちが旅行で東京を訪れると会って一緒にお茶を飲んだりすることもありました。東京に限らず日本が多くの旅行者にとって人気の行き先となったのもだいたいそのころからだと思います。それはもちろん政府の宣伝キャンペインの結果でもありますが、とにかく気がついたら至る所に世界中から「インバウンド」と呼ばれる人たちがいました。実は「インバウンド」は「外からの」という意味でしかないので「観光客」とか「旅行者」とか名詞をつけないとちょっと変な言い方になります。海外に出かける日本人のことを誰も「アウトバウンド」とは呼んでいないはずですね。

　『猿はマンキ　お金はマニ』は、出版された当初はそれなり

に読んでいただいたと思いますが、観光ブームが起きたころには絶版になっていて、以前より外国から来た人と接する機会が増えたのに残念に思っていました。2013年には2020年にオリンピックが東京で開催されることが決まり、今回の再出版はそのタイミングに合わせるつもりでいましたが、新型コロナウイルス（クロウナ・ヴァイラス）のパンデミックの発生によってその計画は吹っ飛びました。とはいえ、パンデミックがいつか終息すれば再び旅行者が戻ってくるに違いないのです。

　もともとかなり急いで出した本です。その理由はもう忘れました。でも、今読み返すと、そのとき気になっていたことを書き出して、そこから別の気になることを連想して脱線、また更に脱線するようなちょっと変わった本になっていることに改めて気づきます。教科書のように成立させようと思えばかなり書き換えたほうがいいと思いつつ、結局はそれをやめました。英語の教科書はいくらでもありますし、ぼくは教育のプロでもありません。あくまで、英語に興味があり、外国の人と（英語で）うまく意思の疎通を図りたいと思っている日本人のためにガイドとなるようなものを提供したいと思っただけです。

　ロンドンで生まれ育ったせいか、ぼくはものごとを率直に言うところがあるのですが、発音のことを指摘すると攻撃されているように感じる方がいらっしゃるようで、強く反論してくることがあります。英語圏の人たちが日本語を話すときのイントネイションがひどい、と。確かにそういう人が多いです。でも、多くの場合はそういう人は日本語を習おうともしていません。真剣に学んでいる人はいくらなんでも通用しないような発音はたぶんしないと思います。いずれにしても、相手の欠点を自分

が努力しない口実に使うのは無責任な話だと思います。そのように思っている方にはあえてこの本をお薦めしません。

　本当は一番読んでいただきたいのは小学生と教育関係者です。最近は小学校３年生から英語教育が始まります。その功罪は別として、やるからには英語がちゃんと言語として機能するようにして欲しいので、一生払拭することが困難な悪い癖がつかないうちに正しい発音を身につけてもらいたいです。
　大人になってからでも、一生懸命努力すれば何とかなるものですが、その大変な努力はしんどいし、ともすれば英語が苦手になってしまいかねません。最初から英語に対するアプローチを微妙に変えるだけで楽にコミュニケイションができるようになります。

　まずは毎日自分に聞かせるマントラを伝えましょう。

「ローマ字は英語ではありません」

　仕事の関係で毎日たくさんのメイルをいただきます。その中で相手が使っている英単語の表記が間違っている場合が非常に多く、そのほとんどはこの簡単なルールを知らないからだと思います。
　ローマ字というものは何のためにあるかというと、日本語が読めない人のために日本の言葉をアルファベットで表すものです。大学で初めて日本語の授業を受けたぼくも「jibiki no ushiro ni neko ga imasu」など妙な文章で基礎的な文法を学ん

だ後にひらがなとカタカナを習いはじめました。ちなみに（また脱線が始まる……）ローマ字には2種類がありますね。「ヘボン式」（Hepburn = ヘッバーンというアメリカ人が江戸末期に考案したもの）と訓令式です。訓令式では日本語の書き方をそのままアルファベットに置き換えるので、例えば新宿は「Sinzyuku」になります。そうすると、日本語がわからない外国人が見たら絶対に変な発音をします。何のためにこんなものをつくったのかまったく理解できないのは私だけでしょうか。

話を戻すと、ローマ字は日本語をアルファベットで表記するためのものであって、英語とは何の関係もありません。これはお役所の方にもなかなかわかってもらえず、ぼくの息子が生まれた時、名前をつけるときに英語のミドル・ネイムもつけました。それは James で、出生登録のために区役所に行ったら係の人は James を「ジャメス」と書こうとしていました。そうではなく、「ジェイムズ」だと教えたら、英語の名前を「Jeimuzu」にしなさいとあっさり言われてしまいました。冗談じゃないと抗議したら別のスタッフが調べてくれましたが、外国人の場合のみ例外的にローマ字読み以外の登録が可能だと判明しました。

とにかく、英語をローマ字読みで発音しようとすればめちゃくちゃになります。英語とローマ字が別物であることを忘れないために、英語を話したい方はぜひ毎朝このマントラを繰り返してください。正しい発音へのはじめの第一歩にはなります。

ピーター・バラカン

はじめに (2009 年 1 月　「猿はマンキ　お金はマニ」初版)

　まず、ぼくがなぜ今、英語の発音についての本を書こうとしているのか、簡単に説明しましょう。

　ぼくは 30 年以上日本で暮らしています。日本人と英語の関係について、よくわかっているつもりです。カタカナで書かれる外来語はもはや英語ではなく、日本語の一部になっていることももちろん知っています。和製英語は自分では極力使わないようにしていますが、この本でその間違いを正そうと思っているわけではありません。

　この本を書こうと思ったきっかけは、2003 年からぼくが出演している NHK ワールド TV の番組『Begin Japanology』（途中まで『Weekend Japanology』）でした。この番組は日本の文化に関係したさまざまなテーマについて海外に向けて放送しているもので、できるだけ初歩的なことをわかりやすく解説する番組ですが、内容はすべて英語です。日本国内でも放送されており、海外向けに制作されていることがわからない視聴者もいるようですが、英語でやっているのはそのためです。

　最近は一人で司会をしていますが、当初は司会者が二人で、スタジオで専門家のゲストとともに、ヴィデオを挟みながら話を進めるという構成でした。ゲストはほとんどが日本人で、いろいろなことについて英語で話してもらうので難しいこともあ

りますが、数年間、この番組を担当しているうちに、大きなハードルがあることに気づきました。それが「発音」でした。

　英語がかなり話せる方でも、ときどき話の内容がわかりにくくなることがあるのです。これはカタカナ発音をしているからで、長年日本に住んでいるぼくには理解できますが、世界のどこかで何気なくテレビを観ている視聴者にわかりにくいと思い、その場で自分で言い換えたりしていました。しかし、何度もそれを繰り返すとゲストに対して失礼ですし、せっかく文法もわかっていて、語彙力もあるのにもったいないと思うことがありました。

　日本人同士で通じる英語が英語圏の人間にはなかなか通じないことが多いのは、日本の学校で教えている英語が海外で使うためのものではなく、大学入試に合格するためのものだからでしょう。またカタカナ発音で教えるのでコミュニケイションの道具になりにくいのも当然でしょう。

　ちょっと前に、ヒマラヤ山脈で登山家のガイドを務めるネパールのシェルパに関するドキュメンタリーをテレビで観ました。彼らはさほど高度な教育を受けているわけではなく、語彙も文法もそこそこですが、英語を話すときの発音がいいので、とてもわかりやすいのです。なぜなら、彼らは実際に英語圏の人たちと接することが多いため、自分の耳に頼りながら英語を学んでいるからです。

また、最近ヨーロッパやアメリカへ旅行すると中国人や韓国人の観光客を見かけることが非常に多くなってきましたが、総じて彼らが話す英語は日本人の英語よりわかりやすいと思います。これは言語の音感の違いによる部分もあるかもしれませんが、やはり耳に頼っているからだと思います。

　日本ではどうしても目から入ってくる情報で判断して外国語を発音するようです。これは大変不利なことだと思うのですが、それにしても明らかに間違った表記が多すぎます。

　英語が母語の人間が英語の文章を見ると、仮に知らない単語であったとしてもその綴りから発音がすぐにわかります。これは発音を司るルールがあるからです。

　そうしたルールさえ覚えれば、英語の発音は難しいことではないのに、日本の学校でそのルールをきちんと教えていないのはなぜでしょうか。そういった基本中の基本を知っていただくことが、この本の目的です。

　さて、これは誰のための本か。

　日本人の英語発音について批判的なことを言うと、「英語圏の人たちの日本語発音だってひどいじゃないか」と反論する方がいます。その通りです。しかし、彼らの多くは日本語に何の興味もなく、日本人と日本語で話したいとも思っていないはずです。同じように、日本人同士だけで通じればいいという方には無理やりぼくの話に付き合っていただくつもりはありません。あくまで英語圏で通じる英語を話したい方をこの本の読者と考えています。完璧な英語という意味ではなく、極端に言えば、

文法が怪しくても、単語がめちゃくちゃに並んでいるだけでも、発音がわかりやすければ通じるものだと思います。

　最初にお断りしなければならないことが二つあります。

　一つはこの本で基準にする英語発音はイギリスの標準的な発音です。自分がイギリス人だからというのではありません。アメリカ英語の発音はあまりにも日本語の音感と離れすぎているので、日本人がそれをマスターするのにそうとうの努力が必要ですし、中途半端にアメリカ風に話そうとするとむしろ余計に通じなくなることが多いのです。特に母音は極端に違います。

　例えば、日本語の「お」の音は、イギリスでは近いものがありますが、アメリカになると長いoは「オウ」、短いoは「アー」、この二つしかありません。それもカタカナで表記するとまた微妙に違うのです。

　もう一つのお断りは発音の表記についてです。日本人の英語発音に何よりも危害を加えてきたカタカナを、本当は一切排除したかったのですが、日本人関係者全員の反対を押し切ることができなかったので、アルファベットの表記と並記することになりました。ただ、どうしても英語の音を表せないカタカナの場合は、色を薄く印刷していますので、なるべくなら無視していただきたいと思います。

　さて、使わざるをえないカタカナですが、どんな表記にすべきか悩みます。というのは、ふだん日本語で原稿を書いているときは、日本で一般的に通じている表記を使うことが多く、厳

密に言えば英語発音という意味では間違っている場合も多いわけです。しかし、この本のためには正しい発音にこだわりたいので、みなさんには慣れない表記があったり、ぼくがいつも使うのと違ったりするかもしれません。あらかじめご了承ください。

ピーター・バラカン

もくじ

第**1**章
「?」が多発するローマ字読み 19

敵を知り己を知れば…… ／ ぼくが最初に感じた「?」／ 印象派の画家になってしまうお金 ／ 語尾の er はアに近く、長く伸ばさない ／「イメージ」はイミジュ、「メッセージ」はメシジュ ／ 語尾の子音は「含み」程度で十分 ／ 語尾の o は必ず長いオウ［ou］／ The Doors は r を発音しないでドーズ ／ 語尾の -ng は「ン」でも十分通じる ／ 同じ子音が二つ続いた場合はどんな音? ／ ひとつの単語の中に同じ母音が二つ以上入っていると同じ発音をしない ／ ar がオー［oo］と発音されるとき ／ l と r の発音と「らりるれろ」の違い ／ 第1章の基本ルール

第**2**章
「マスコミ」の好むヘンなカタカナ英語 45

Yankees はなぜヤンキー「ス」になるのか? ／「クローズ・アップ」の発音は日式 ／ ミーディアの好む単語には謎の表記が続々 ／「ワン・パターン」では通じない ／ レストランやカフェで注意したい単語は? ／「スポーツ」は語呂が良くても

スポート ／ 北大西洋条約機構はネイトウ ／ 日本人が嫌う音
その1「v」 ／ 日本人が嫌う音 その2「y」と「w」 ／ wh- で始
まる言葉は [w-] で大丈夫 ／ th の発音はケイス・バイ・ケイ
ス ／ o の発音はオ [o]？ それともア [a]？ ／ ou と ow の発音
の違い ／ u と ew はウー [uu] かユー [yuu] か？ ／ -ew は一つ
ひとつ覚えよう ／ 語尾の re- はレ [re] かり [ri] か？ ／ 第2章
の基本ルール

第**3**章
固有名詞にはわかりにくい発音がいっぱい

固有名詞はなるべくきちんと発音しよう ／ 国名や地名、企業
名はとても難しい ／ Sony はソウニ、Tony はトウニ ／ 語尾
の 「い」 の音は伸ばさない ／ 誤表記されてきた人名 ／ O や
Mc が頭につく名前の読み方は？ ／ to と two、for と four の違
いは？ ／ 電車や飛行機の案内の変なイントネイション／まだ
まだたくさんある気になる発音 ／ 英語の句読点などについて
／ 店の看板 cafe and wine はおかしい ／ 再び、日本人にとっ
て発音しにくい言葉 ／ 第3章の基本ルール

英語にある音の表記について

　この本では、英語の発音を以下のルールで表記します。途中で発音に疑問があったりしたときなど、ここに戻ってきて参照してください。

この本での音の表記

a	cat（猫 = キャット）も bat（バット）も英語では同じ音ですから、この本ではあえて区別せず a と表記します。
	pass（通る = パース）や class（階級 = クラース）の音は aa とします。
	bass（低音 = ベイス）、plane（飛行機 = プレイン）などの長い a は ei と表記します。
	冠詞の a のようにカタカナで書けない音は * とします。
b	b
c	k、あるいは s
d	d
e	pen のような短いときは e
	reform（改革 = リフォーム）のような場合は i
	長いときは ii
	いい加減な発音のときは *
F	f
g	g、あるいは j
h	h

i	短い場合は i
	長い場合は ai
	いい加減な発音のときは *
j	j
k	k
l	l
m	m
n	n
o	短い場合は o
	bone（骨 = ボウン）のような長い場合は ou。これは本当の英語の発音とは違いますが、表記のしようがないので妥協します。
	いい加減な発音のときは *
p	p
q	qu の音を kw と表記します。
r	r
s	s、また特に語尾では場合によって z
t	t
u	but（しかし = バット）や cut（切る = カット）のような短い場合は a
	put（置く = プット）を u とします。
	rule（規則 = ルール）のような長いときは uu
	dune（砂丘 = デューン）なら yuu とします。
	いい加減な発音のときは *
v	v
w	w

x	ks
y	子音として使う場合は y
	母音として使う場合は i、語尾では場合によって ai
	いい加減な発音のときは *
z	z

母音が合わさった場合

ai	pain（痛み = ペイン）のような場合は ei
	air（空気 = エア）のような場合は e
au	fault（欠点 = フォールト）のように、ほとんどの場合は oo
	外来語として au、または o という例もあります。
aw	saw（のこぎり = ソー）のように、ほとんどの場合は oo
ay	pay（払う = ペイ）のように、ほとんどの場合は ei
ee	see（見る = シー）のように、多くの場合は ii
ei	receive（受け取る = リシーヴ）のように、ほとんどの場合は ii
	either の場合は ii でも ai でも OK ですが、珍しい例です。
eu	feudal（封建的な = フューダル）のように、ほとんどの場合は yuu
ew	few（少ない = フュー）のような場合は yuu
	grew（成長した = グルー）のような場合は uu
	sew（縫う = ソウ）という稀な場合は ou
ey	valley（谷 = ヴァリ）のように、特に語尾にくる場合は i
	grey（灰色 = グレイ）や they（彼ら = ゼイ）のような場合は ei

ie	believe（信じる = ビリーヴ）のように、ほとんどの場合は ii
oi	oi
oo	book（本 = ブック）のような場合は u
	school（学校 = スクール）のような場合は uu
ou	through（…を通って = スルー）のような場合は uu
	although（…にもかかわらず = オールゾウ）のような場合は ou
	thou（汝 = ザウ）のような場合は au
	cough（咳 = コフ）のような場合は o
	sought（求めた = ソート）のような場合は oo
ow	cow（牛 = カウ）のような場合は au
	grow（成長する = グロウ）のような場合は ou
oy	oi
uy	buy（買う = バイ）や guy（野郎 = ガイ）などの場合は ai

この本で「*」と表記している「いい加減な音」について

　この音は韓国語や中国語にあって日本語にはないので、日本人が英語を話すときにはハンディが若干ありますが、それよりも困るのは同じ音がフランス語やドイツ語にもあって、それぞれの言語をカタカナに直すと異なった表記をしていることです。

　例えばフランス語の「eu」は日本語では「う」、ドイツ語の「ö」は「え」ですが、本当は同じ音です。また強調しないときの英語の「a」、「e」、「o」、「u」、（vinyl = v<u>ai</u>n*l）のように、場合によって「y」や「ar」、「er」、「ir」、「or」、「ur」はすべてそんな音になりますから、その「いい加減な音」（厳密には「あいまい母音」）を真剣に練習することをお薦めします。

　日本語の「う」を言うときの口の形を気持ち開ければいいです。慣れないと気持ち悪く感じると思いますが、英語には不可欠な音です。

　「う」のついでに、英語の「w」についても一言。

　woman とか wool は日本語で「ウーマン」、「ウール」と発音すると一般の英語圏人にはまったく意味不明に聞こえるものです。日本人には拷問のように感じるかも知れませんが、こういうときの「w」を正しく発音するためのガイドとして、まず口の形をとんでもなく大げさに尖らせてみてください。そして勢いよく空気を発しながら先ほど説明した「いい加減な音」を出す。本当はもう少し「う」に近いですが、「*」でも十分通じるはずです。「wood」（would も含めて）も同じです。いつも「ウッド」と表記されますが、これも「woman」や「wool」と同じ要領でお願いします。

「?」が多発するローマ字読み

● 敵を知り己を知れば……

　みなさんは、初めて見た英単語をどうやって発音しますか？似たような単語から類推したり、まずはローマ字読みにして音を組み立ててみたり。何も手がかりがないよりはましかもしれませんが、このローマ字読みというのがしばしば問題を引き起こします。

　ローマ字の表記はもともと日本語の 50 音をアルファベットで表すために考えられたものなので、英語の発音とは最初から異なっています。 さらに、英語では同じ綴りでも、何種類かの音に発音し分けることがあります。ですから、あまり**ローマ字読みばかりをあてにしていると、結局、日本語にひっぱられた発音になってしまいます。**

　そこで、逆に英語の発想で日本語のローマ字表記を読んだ場合を考えてみましょう。

　「はじめに」で、日本人にとって英語発音は大きなハードルだ、なんて言っておきながら何なのですが、実は、一般的な英語圏の人たちの日本語の発音はもっとずっとヒドイものです。それは逆に言えば、彼らが日本語の発音ルールを知らないからなのです。

　さて、いきなりですが、問題です。下の言葉は「日本のあるもの」を英語圏の人が英語風に発音したものです。さあ、何だかわかりますか？

　　1　サーキ
　　2　キャリオーキ
　　3　クラーティ

1 はわりあい簡単。sake、つまり「酒」ですね。2 は karaoke、「カラオケ」です。このあたりからかなり難しい。そして、3 は、karate、「空手」です。

　「空手」が「クラーティ」!?　彼らが綴りだけから判断して発音するとこんなことになってしまうわけですが、どうヒドイかを注意深く見てみると、英語の発音をする際のルールがわかり、参考になります。日本語として「?」の部分が、むしろ日本人にとってはなじみのない英語発音のルールということになります。

　先ほどの例を見てみると、まず二つのルールがわかります。一つは、英語では後ろから二つ目の音節を強調することが多いということです。日本語は多くの場合、平坦な発音をしますが、それは英語にはなじみません。例えば、「自分の名前を英語風に発音してください」と言うと、みなさん上手にできますね。「スズーキ」「タナーカ」「ワタナーベ」……。

　もう一つ、強調されない母音はいい加減な発音になりやすいというのも特徴です。「ウ」と「オ」の中間の音を、ちょっと力なく言う感じでしょうか。綴りのその母音にひっぱられてはいけません。「キャラオーキ」ではなく「キャリオーキ」、「カラーティ」ではなく「クラーティ」。ポイントは、あいまいに力なく、です。

　最近、新聞で読んだ実際の経験談では、アメリカのスーパー

マーケットの店員に「バナナ・チップス」について尋ねた日本人がどうしても話をわかってもらえず、最終的に生のバナナを手で指したら、「そうか、バナーナね」とようやく通じたそうです。ちょっと信じがたい話のように思えるかもしれませんが、本当にありがちなことです。でも、「バナナ」よりも、少なくともイギリスだったら「ブナーナ」と言います。

　英語を話そうと思えば、どうしてもこうした英語の発音の癖を理解することが重要なのです。「敵を知り己を知れば……」というわけです。

● ぼくが最初に感じた「?」

　日本に来てすでに35年が経ちますが、最初に日本人の英語について「?」と思ったのは、それよりさらに前、ぼくが大学生だったときです。

　ロンドン大学の日本語学科に入って、最初の1か月ほどはローマ字で文法の基礎を学んでいましたが、2か月目ぐらいから、ひらがなとカタカナを習いはじめました。ある日、カタカナの練習のためにいくつかの英語の単語をカタカナで書く問題が出ました。そのうちの一つが Oxford でした。

　ぼくは躊躇せずにカタカナで「オクスフッド」と書きましたが、返ってきた解答用紙には×がついていました。なぜ不正解なのか、まったく理解できなかったので先生に尋ねると、正解は「オックスフォード」だと言うのです。

　もちろんぼくは発音を正確に記すとこうなるはずだ、と先生

に反論しました。しかし、日本語ではこう書くのだ、という既成事実の前では埒が明かなかったわけです。この瞬間、日本語と英語の微妙なズレを知り、嫌な予感がしましたね。日本に来てから、実際大変でしたから……。

　まあ、それはさておき、英語では **ford で終わる地名や人名はすべてフッド [f*d] と発音します**。この [*] のマークは、先ほど触れた強調されない母音を表したものです。「ウ」と「オ」の中間の音をちょっと力なく言う感じ。Stanford はスタンフッド [stanf*d] ということです。

　[ ] の表記、わかりますか？　a のところにはアンダーラインを付しましたが、ここにアクセントがあるという意味です。それに対応するカタカナは**赤字**で表記しています。また、カタカナでは発音を伝えるのにどうしても無理があるので、やむなく記したところは、少し文字を薄くしてあります。

　では、ついでに、Oxford の最大のライヴァル校、Cambridge はどうでしょう。**ケインブリッジ [keimbrij]** です。綴りの a にあたる音を必ずたっぷりと長く発音します。

　標準的な英語では（つまり地方の訛りではない場合）、**長く発音するときの a はエイ [ei] と発音します**。日本人は「エー」とか「エ」と発音することが多いのですが、これでは通じにくくなります。

　例えば、lady は**レイディ [leidi]** です。「レディー」と言うと ready（準備 OK）と勘違いされがちです。baby も**ベイビ [beibi]** で、「ベビー」ではありません。同様に、angel の発音は**エイン**

ジュル [einj*l] です。「エンゼル」と発音すると、英語圏の人間には何のことかきっとわからないでしょう。

　ちなみに、angel のケイス（ケースではなく）には、a の問題のほかに g（つまり [j] の音）の問題もありますね。これは general（= ジェヌルウ [jen*r*l]）についても言えることで、地名の Los Angeles も日本での発音では英語圏の人間にはわかりにくいのです。

　「ロサンゼルス」のどこがおかしい？　おそらくそう感じる方が多いかもしれません。しかし、微妙な違いでも通じにくくなるものです。ロサンジュリス [losanj*lis] が一番近いと思いますが、困ったことにイギリスではロサンジュリーズ [losanj*liiz] と発音するので、他人のことを指摘すべきではないかな……。まあとにかく、どんなことがあっても、**g のジュ [j] をズ [z] と発音することはありません。**

　また、…ation で終わる名詞が多いですね。Pronunciation（プルナンシエイシュン）、intonation（イントゥネイシュン）、communication（クミューニケイシュン）、nation（ネイシュン）という発音になります。しかし、ration（ラシュン、割当）のような例外も、やはりあります。

　低音という意味の bass はベイス（ただ、魚の bass はバス）、歩調とかテンポという意味の pace はペイス、face はフェイスなど、とにかく「エー」という音はいわゆる標準語の英語にないと思ってください。

● 印象派の画家になってしまうお金

　最初に、-ford というよく語尾に見られる綴りの発音について触れましたので、英語らしい語尾の発音にこだわって、もう少しお話を続けます。

　ニューズ（ニュースではなく）では毎日のように経済のことが取り上げられ、ドルが下がった、株が上がった、などと報じられています。そんなニューズに頻繁に登場する言葉の一つ、「マネー」（money）。実は、「マネー」では英語圏ではまったく通じないと思ったほうがいいです。もしかしたら、フランス人の印象派の画家エドアール・マネ（Édouard Manet）と勘違いされるかもしれません。

　money の発音はマニ [mani] です。語尾の -ey は [i] で、しかも短めです。決して伸ばしてはいけません。

　同じように、alley（小道、路地）、valley（谷）は、「アレー」、「バレー」ではなく、アリ [ali]、ヴァリ [vali] となります。コンピュータ産業の中心となっている北カリフォルニアの Silicon Valley もシリクン・ヴァリ [silik*n vali] になります。

　その近くにあるサン・フランシスコから湾を渡ったところの町、Berkeley は極めてリベラル（リブルウ [lib*r*l] と言わなければわかってもらえません）な大学町として有名です。正しい発音はブークリ [b**kli] です。ボストンにある人気の Berklee 音楽院とまったく同じ発音です。これも -ee と書いても、音が伸びるわけではありません。とにかく、英語では語尾の [i] は

すべて短く発音すると思えば間違いはないと思います。

　もう少し、-ey で終わる語でイ [i] と発音する例を探してみましょう。

　猿の monkey も同じで、モンキーではなく、**マンキ** [m<u>a</u>nki] と発音します。ちなみに僧侶という意味の monk も**マンク** [mank] と発音します。ジャズの天才ピアニストで作曲家 Thelonious Monk も、モンクではなく**マンク** [mank] です。

　スポーツで相手が打った球がバウンドしないうちに打ち返すのを volley と言いますが、これは**ヴォリ** [v<u>o</u>li] と発音します。これを「ボレー」（テニスやサッカーではこれですね）と言ったり、あるいは「バレー」「バレーボール」と発音したりすると、英語圏の人間にはわかってもらえません。まずほとんどの人は踊りの ballet の話をしていると勘違いするでしょう。

　ついでにスポーツ関係で言うと、hockey はホッケーではなく、**ホキ** [h<u>o</u>ki] です。jockey（騎手）も**ジョキ** [j<u>o</u>ki] です。

　人名では、Isley は**アイズリ** [<u>ai</u>zli]、Mosley は**モウズリ** [m<u>ou</u>zli]、Lesley は**レズリ** [l<u>e</u>zli]、Godfrey は**ゴドフリ** [g<u>o</u>dfri] といった例があります。

　またちょっと似たもので、-ay で終わる人名でも、例えば Murray（**マリ** [m<u>a</u>ri]）や Finlay（**フィンリ** [f<u>i</u>nli]）といった例があります。この場合も -ay の音は短い [i] で、長く伸ばしません。

　どんなルールでもそうですが、**-ey にもやはり例外はあります**。すぐに思い浮かぶのが、灰色という意味の grey。発音は、

グレーでも、グリでもなく、グレイ [grei] です。また、ロックグループ Eagles のメンバー、Glenn Frey はフライ [frai] という発音です。

　語尾の -y でも、ally（味方）はアライ [alai] と言いますし、spy はスパイ [spai]、fly はフライ [flai]、try はトライ [trai] という例もあります。しかし、これは例外的で、語尾の -y は [ai] と発音するとき以外は必ず短いイ [i] と覚えておくとよいでしょう。

　一番困るのは Morgan Stanley という企業名のような例です。2008 年秋の金融危機の際には、幾度となくその名前がニュースで流れました。アメリカの会社なのですが、日本支社は正式に「モルガン・スタンレー」と登録しているようです。それはもちろん彼らの自由で、私がとやかく言うべきことではありませんが、英語圏では<u>モーグン・スタンリ</u> [m<u>oo</u>g*n st<u>a</u>nli] と、最後の -ey はイ [i] と発音されています。

● 語尾の er はアに近く、長く伸ばさない

　さて、語尾の er はどうでしょうか。

　短く発音するときの er はアに近い音だと考えるとわかりやすいかもしれません。ただ、弱くてあいまいな音なので、やはり [*] で表しておきます。

　ロンドンのど真ん中にある広場の Leicester Square はご存じの方も多いと思いますが、発音は<u>レスタ・スクウェア</u> [l<u>e</u>st* skwe*] でお願いします。同じくイギリスの都市で、Gloucester はグロスタ [glost*]、Worcester はウスタ [wust*]、Bicester はビスタ [bist*] です。

　-cester は全部スタ [st*] でよいかというと、やはり例外があります。Cirencester はサイルンセスタ [sair*nsest*] です。

　「何々するひと」という意味で…er で終わる単語も多いです。
player [pley*]
drummer [dram*]
runner [ran*]
lover [lav*]
climber [klaim*]
computer [k*mpyuut*]（こちらは人ではありませんが….)

　あるいは形容詞の比較級
bigger [big*]
smaller [smool*]
better [bet*]
taller [tool*]
shorter [shoot*]

　これらはすべて er の音が短いです。これはぜひとも学校教育の現場でも徹底的に正してもらいたいです。

　余談ですが、ロンドンには多くの Square があります。アメリカ大使館がかつて位置した Grosvenor Square はグロウヴナ・

スクウェア [grouvn∗ skwe∗] です。語源がフランス語のこういった言葉は英語圏の人でもときどき間違った言い方をしますからあまり悩まなくてもいいのですが、念のため、フランス語ではボーリウ [booli∗] と発音する beaulieu は、英語ではビューリ [byuuli] に化けてしまいます。

　語尾ではありませんが、Square で思い出したので、付け加えておきます。**qu は英語では 99.9%、クウ [kw]** と発音します。quilt を日本で言う「キルト」と発音するとまったく通じません。必ずクウィルト [kwilt] と言ってください。そうでなければスコットランド人の男性がはくスカートの kilt になってしまいますから！
　liquid（液体）は、リクウィド [likwid] と言わないと、「？」の表情が相手の顔に浮かぶに違いありません。また、4 人組のことを quartet と言いますが、発音はクウォーテト [kwootet] です。

● 「イメージ」はイミジュ、「メッセージ」はメシジュ

　金融危機の際にニューズによく登場したサブプライム・モーゲージという言葉ですが、mortgage は住宅ローンの意味で、モーギジュ [moogij] と発音します。これと同じ要領で、**-age で終わる単語の多くは発音が [-ij]** となります。
　例えば、manage および manager ですが、日本で使われる発音は英語ではありません。マニジュ [manij]、そしてマニジャ [manij∗] となります。

同じように image は「イメージ」ではなく、**イミジュ** [i̲mij] です。「イメージ」はもう日本語としてあまりにも深く根づいてしまっているので今さら改めることは難しいでしょうが、少なくとも英語のときは英語らしく発音しましょう。

　ちなみに image は本来名詞だけです。日本語で使う「イメージする」というのは英語的な言い方ではありません。ただ、ハイテクの世界では imaging（**イムジン** [i̲m*jin(g)]）という分野はありますが、一般的には使いません。

　message（伝言）は**メシジュ** [m̲esij]、passage（通路）は**パシジュ** [p̲asij]、average（平均）は**アヴリジュ** [a̲vurij]、advantage（利益など）は**アドヴァーンティジュ** [*dva̲antij]、pilgrimage（巡礼の旅）は**ピルグリミジュ** [p̲ilgrimij]、ワインの年齢を示す vintage は**ヴィンティジュ** [v̲intij]、marriage（結婚）は**マリッジュ** [m̲arij]、また sausage（腸詰め）は**ソシジュ** [s̲osij] と発音します。heritage（**ヘリティジュ** [h̲eritij]）は後世に残す文化的な遺産のこと。それから、ものを保管することを storage と言いますが、発音はやはり**ストーリジュ** [sto̲orij] です。

　ちょっと例外的なものとして、車を置く garage のことを、イギリスでは教養のある人は**ガラージュ** [ga̲raaj]、教養のない人は**ガリジュ** [ga̲rij] と言います。またアメリカ人は**グラージュ** [gura̲aj] と言います。

● 語尾の子音は「含み」程度で十分

　日本語では子音の後に必ず母音がついてくるので（「ん」以外）、日本人の音感で英語を発音するのは確かに難しいのですが、問題をさらに深刻にしているのが英語をカタカナで書く習慣です。特に困った存在だと思うのは、語尾が -d や -t の場合に金魚の糞のようにくっついてくる余計な「オ」です。

　英語の言葉が子音で終わるケースがいかに多いかを考えると、その発音の練習は極めて重要です。実は「いい加減」でいいのです。つまり、**語尾の子音はちゃんと言うのではなく、「含み」程度で十分です**。その音の形を口でつくるのですが、実際に発声する直前に止めます。

　すべてがそうすべきだというわけではありませんが、b、p、d、t、g、k、l は当てはまります。

　例えば、Get out!（出て行け！）はゲダウ（ト）[gedau(t)]というふうに言います。Get up!（起きなさい！）はゲダ（プ）[geda(p)] になります。

　What a drag!（つまんない！）はウォダドラ（グ）[wodadra(g)]、I feel sick.（気分が悪い）はアイ・フィール・シッ（ク）[ai fiil si(k)]、get a job（就職する）はゲダジョ（ブ）[geda jo(b)]、Oh my God!（やあ、びっくり！）はオウマイゴッ（ド）[ou maigo(d)]。

　語尾の -l となると、下手をすると「ル」と言ってしまうの

ですが、これは想像以上に communication（クミューニケイシュン [k*myuunikeish*n]）を阻害することにつながりやすいのです。

　例えば、旅先で頻繁に使いそうな hotel。日本語の「ホテル」はまず「ホテル」と前にアクセントがありますし、さらに末尾に「ル」がついているために、何のことかわからなくなってしまいます。実際に通じない場面を目撃したことがあります。

　正しい発音はホウテル [houtel] です。つまり、o は少し伸ばすのですが、強調するのは e のほうです。そして、l は英語のネイティヴならしっかりと発音しますが、日本人の場合は半ば「ウ」のつもりで「ホウテゥ」と言ったほうが伝わりやすいと思います。

　もう一つ、旅先で病気になったときお世話になる hospital も、ホスピトル [hospit*l] と発音しますが、「ホスピトゥ」ぐらい「いい加減」なほうがむしろ言いやすいかな。

● 語尾のoは必ず長いオウ[ou]

　これも意外に重要な点です。英語では最後にくる o は日本語の「オ」ではなく、オウ [ou] の発音になります。日本でいう「ロゴ」(logo) はロウゴウ [lougou] ですし、Austin Powers（オスティン・パウァズ [ostin paw*z]）が映画でなくしてしまう mojo（男性の象徴）は「モジョ」ではなく、モウジョウ [moujou] です。そして、Mexico（スペイン語の「メヒコ」と違って英語ではメクシコウ [meksikou] と言います）の料理に欠かせない avocado はアヴォカードウ [avokaadou] と言います。「アボ

ガド」はどこからできたのでしょうね。

　アメリカの医療保険制度に対する強い批判を込めた Michael Moore（マイクル・ムア [maikl mu*]）のドキュメンタリー映画『SiCKO』。造語なのですが、本当はシコウ [sikou] と発音すべきです。でも、日本では邦題を『シッコ』とされて、何だか汚いニュアンスを帯びたのはいろいろな意味で損だったと思います。

　すみません、もう一つ脱線させてください。知り合いのイギリス人から聞かされた話です。その人がまだ来日したばかりのころ、日本人との仕事の会議に出かけましたが、応接室に通されて、「プリーズ・シット・ヒアー」と言われました。
　どこがおかしいの？　とおそらく日本人の 99.9％の方が思うに違いないのですが、sit がシト [shit] に聞こえてしまうと、どうしても嫌な気持ちになる英語圏の人間が多いのです。ぼくの知り合いは、そのときの相手とはとても一緒に仕事をする気にはなれなかったそうです。
　子どもっぽい反応のように思われるかもしれませんね。ぼくもちょっと驚いた話ですが、事実は事実ですから、やはり気をつけるべきかと思います。「シト」ではなく「スィト」のつもりで発音するのがコツです。
　ちなみに排泄物の話は日本では社会的にタブーとされることなく、電波媒体でも問題なく使われるし、「くそ暑い」といった表現もありますが、英語では人前では言わないことになっています。ただし、これはあくまで建前で、実際には日本人の想像を絶するほど口の汚い英語圏人が山ほどいますが、少なくと

も電波では使わないし、初対面でそんな言葉を使う人がいたら、「親の顔が見てみたい」と言われかねません。

　話を戻します。more という言葉を口語体で mo' と書くことがありますが、これもモウ [mou] と発音します。とにかく**例外なく、最後の o は長いのです。**

　2008 年に亡くなったロックンロールの草分け的なミュージシャン Bo Diddley は、ボウ・ディドリ [bou di̱dli] と言います。zero は「ゼロ」ではなく、ズィアロウ [zi∗rou] となります。

　hero（英雄）もヒアロウ [hi̱∗rou]（ヒーロウ [hi̱irou] とは若干違います）です。しかし、その女性版 heroine は「ヒロイン」ではありません。ヘロウィン [he̱rowin] となります。これは麻薬の heroin とまったく同じ発音ですが、前後関係で混同することはまずないので、大丈夫です。英雄行為の heroism も**ヘロウィズム** [he̱rowizm] となります。

　ぼくが愛している媒体 radio が日本で「ラジオ」と呼ばれることにはとっくに慣れていますが、「スタジオ」と「スタジアム」は何年経っても違和感があります。radio = **レイディオウ** [re̱idiou]、studio = ステューディオウ [styu̱udiou]、stadium = ステイディアム [ste̱idi∗m] です。少なくとも英語で話すときは意識しましょう。

　同じ要領で、atrium（建物の入り口付近の広くなっている部分）を「アトリウム」と言っても誰にも通じません。**エイトリアム** [e̱itri∗m] と言ってください。

ぼくはオリンピック（英語では the Olympic Games、あるいは the Olympics）の競技そのものには関心がそれなりにあるのですが、その組織の仕組み、そして放送のあり方にはそうとう抵抗があります。

　それはさておき、2008 年夏の北京オリンピックでは競泳選手の水着をめぐって一騒動が巻き起こりましたね。結局、日本代表の選手たちもイギリスの Speedo 社の水着を使ってもいいことになりました。その報道を観ていると Speedo はいつも「スピード」と発音されていましたが、どうしてもカタカナ発音の speed のように聞こえてしまうのです。

　本当は、speed = スピー（ド）[spii(d)]、そして Speedo = スピードウ [spiidou] と発音するべきです。

● The Doors は r を発音しないでドーズ

　先ほどの more に戻ります。日本では「モア」と言うのはアメリカ発音から化けたものではないかと思いますが、イギリスでは more をモー [moo] と言います。つまり r の発音をしないわけです。-ar、-er、-ir、-or、-ur、-yr の場合も、r は発音しません。

　日本語で英語を表記するとき、「アー」が圧倒的に多いのは、r を巻くアメリカ発音の真似ができず、妥協的にそう表現してしまったのだと思いますが、その結果、日本人の英語発音はとてもわかりにくくなっています。

　数字の 4 を意味する four もやはりフォー [foo] であって、

「フォア」ではありません。

　ぼくが来日したころ、こういった日本独特の英語発音を知らなかったためにバカにされたこともありました。音楽の話をしていたときに、60年代後半に大好きだった LA のロック・バンド、The Doors のことを「ドーズ」と言ったところ、誰も理解してくれなかったのです。摩訶不思議な感じでしたが、リード・ヴォーカルのジム・モリスンの名前を言ったら、ようやく「あぁ、ドアーズ、ね」と大笑いをされてしまいました。しかし、はっきり言って「ドアーズ」は日本以外では逆にまったく通じないので、r の音を舌を巻いて発音するアメリカ以外の英語圏では、ドーズ [dooz] と発音していただきたいです。

◉ 語尾の -ng は「ン」でも十分通じる

　語尾が -ng で終わる単語は、最後の g の発音をほとんどしなくてかまいません。日本語の語尾の「ン」にはすでに若干、g の音が含まれていますが、その程度で十分です。

　そうすると sing も thing もカタカナでは「シン」となって、さらに sin（罪）や thin（薄い、細い）や shin（むこうずね）とも区別できなくなって、訳がわからなくなりそうな感じですが、この辺は本当に難しいですね。日本語にない音を上手に使い分けるためには、練習に練習を重ねる以外に方法はないでしょう。

じゃ、singing はどうなるのか。両方の -ng が同じ発音です。鼻濁音で、と言っても、日本語の鼻濁音が昔のようにしっかりと生きていれば説明しやすいのですが、若い日本人で鼻濁音の発音ができない方も多いので困ってしまいます。

　まあ、これは鼻濁音で発音しなくても、理解できないものではないので、このぐらいにしておきます。

● 同じ子音が二つ続いた場合はどんな音?

　さて、進行形を表す -ing が語尾についた場合、同じ子音が二つ続くことがありますね。shopping、running、trekking などです。

　同じ子音が二つ続くと、日本ではローマ字の表記方法に引きずられてか、日本語の「ばってん」の小さい「っ」のような例と同じだと教えているようですが、これは完全に間違っています。**子音がダブっても無視してください。**

shopping = ショ ピン [sh<u>o</u>pin(g)]
running = ラ ニン [r<u>a</u>nin(g)]
trekking = ト レ キン [tr<u>e</u>kin(g)]

　これは必ずしも -ing だけでなくて、同じ子音が二つ続く場合はすべてそうです。例えば、ニューヨークの Manhattan はマンハタン [manh<u>a</u>t*n] です。

　では、発音しないのになぜわざわざ2回書くの? 　真っ当な疑問です。そして答えは簡単です。**同じ子音を2回書くと、**

その前の母音の発音が短いことを示しているのです。

　例えば、ザ・ビートルズの映画『A Hard Day's Night』のある場面で、ジョージュ（「ジョージ」ではなくて）が広告でシャツを着てほしいと頼まれますが、彼はそのシャツのことをgrotty と言います。カッコ悪いといったニュアンスで、ぼくはあの映画で初めて耳にしたのですが、彼らの造語なのか、リヴァプールの方言なのかわかりません。とにかく明らかにgrotesque（グロテスクな、へんてこな）という形容詞が化けたものです。grotesque はグロウテスク [groutesk] ですが、grotty ならグロティ [groti] となります。

　つまり、単独の子音の前にある母音の発音は長くなるのです。これは鉄則ではありませんが、例外があることを前提にしたルールだと思えばいいでしょう。

　この発音は、言語によって扱いが異なります。イタリア語は日本語と同じなので日本人には楽です。「スパゲッティ」、「トラットリア」、「ジウセッペ」など、原語のままローマ字として発音できますが、英語、フランス語、ドイツ語はみんな違います。

　フランス語やドイツ語に関しては日本でちゃんと教えているのに、なぜか英語だけ教え方が間違っているのです。とにかく同じ子音が重なった場合は必ず無視して、一つだけのときと同じように発音してください。

　英語発音に関する色々なルールを複合的に示す例として、ammonia という言葉があります。日本語では「アンモニア」と言いますが、m が二つ続いても一つしかないかのように発音し

ます。その m の前にある a は mm だから短く、逆に o は次の n が一つなので長い。従って発音は「*mouni*」となるわけです。

　ちょっと脱線になりますが、フランス語と似ているもう一つの要素はフランス語で言う「リエゾン」（単独で読む場合には発音されない末尾の子音字が、直後に母音が続く場合に発音されること）です。

　フランス語なら、例えば Vingt-cinq ans（25 年）を「ヴァンサンカン」と言うのに、英語の weekend はわざわざ「ウィークエンド」（正しくはウィーケンド）と言ったり、forever をフォーエヴァー（本当はフォレヴァ）と言ったりするとやはり通じにくいです。字面だけ見ているとわかりにくいのでぜひ歌などを聴いて真似してください。

● 一つの単語の中に同じ母音が
　二つ以上入っていると同じ発音をしない

　これはちょっとわかりづらいので、具体例としてぼくの名字の Barakan を例にとりましょう。

　本当はポーランドの名前なので日本語でいう「バラカン」が正しいです。最初に日本に来たとき、ぼくの名前を全員が正しく言ってくれるのでちょっと感激したのを覚えています。しかし、英語風に言おうとする人はみんなばらばらの発音になります。それは英語圏では非常に珍しい、というより、うちの家族以外にはない名前だからです。

ぼくは英語で言うとき「Bar*kan」と言いますが、綴りだけ見た人は「Bar*k*n」とか「B*rak*n」とか、アメリカでは「Bar*kaan」とか、めちゃくちゃです。何も言わないで正しく発音された試しはないので、it rhymes with "caravan" と説明することがあります。

　それは誰でも caravan が「car*van」という発音であることはわかるので、同じ要領で発音してくれると問題ないからです。

　この例からわかることですが、英語では「a」が3回続いてもちゃんと「a」と発音するのが一つか二つ、ほかのは「*」に化けます。とにかく**一つの言葉で同じ母音を2回続けて同じように発音することはありません**。

　ただ、これは短く発音する母音の場合です。長く発音する mojo（moujou）はちゃんと言うわけです。

● ar がオー [oo] と発音されるとき

　ぼくが司会をしているテレビ番組『Japanology Plus』でのエピソードですが、第二次世界大戦の話をするたびに、かたくなに「ワー」と発音するゲストがいました。war はウォー [woo] ですが、このように ar はオー [oo] と発音されることがあります。日本ではローマ字読みにひっぱられてか、それをしばしば「アー」と発音するようです。これは間違いです。

　ar は語尾だけでなく、単語のいろんな位置に顔を出します。war と同じような例として、Grammy Awards とか Academy Awards のことを日本で紹介するとき、「アワード」と言う方が

多いですね。award も正しくはアウォード [*wood] になります。また、音楽の世界でも映画の世界でも長い歴史を持つ Warner Brothers という会社は、**ウォーナ・ブラザズ** [woon* brath*z] です。

　warm（暖かい）はウォーム [woom]、warp（反る）はウォープ [woop]、ward（病棟）はウォード [wood] という具合に、ar を [oo] と発音するケースは意外に多くあります。

　また、ar が [oo] と発音されるのと似た要領で、or が [**] になることがあります。、worm（みみず）＝ウァーム [w**m] となるし、word（言葉）＝ウァード [w**d] となって、日本人泣かせですね。この表記の方法ではもう表現のしようがないので、ここでは文字の濃さを変えて、あくまでも仮にということで、記しておきます。

　実際、hard（硬い）＝ハード [haad] と heard（聞いた）＝ハード [h**d] の違いがわかる日本人は、どのくらいいるでしょうか。

●lとrの発音と「らりるれろ」の違い

　r の文字を見ると日本人は苦手意識を持っているからか、発音するときに意識過剰になってしまうようです。

　実は英語には、日本人や中国人が l と r の発音の区別ができないことをおもしろおかしく表現した小話が昔からあります。しかし、日本人の「らりるれろ」の発音を考えると、中国人よりも日本人のほうが、もっと複雑な状況にあると思います。

40年近く前に、ぼくの女房が彼女のアメリカ人の友人と二人で外国人のための東京のガイドブックを出版しました。その中で日本語とその発音についての章をぼくが書いたのですが、そのとき、逆の立場から（つまり自分の話すことを日本人に理解してもらうためにはどうしたらいいのか）、「らりるれろ」の発音のことでかなり苦労しました。

　外国人（特に英語圏の人たち）が日本語を話すとき、「らりるれろ」の発音がどうも自然にできないのです。そこで、それはなぜかな、と考えたのです。要は、日本語の「らりるれろ」は英語のlともrとも違う発音なのです。

　最近は外国人に説明するときにはいつも、次のような三角形を想像してください、と言っています。

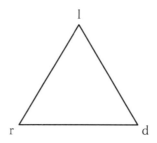

　日本語の「らりるれろ」の音はこの中のどこかにある。しかし、日本人でも個人差があるので、正確にどこかは言えない、と。

　このことを日本人にも話すことがありますが、みなさんには

意外にわかりにくいようです。しかも、三角形の右下にdがあるのを見て、なぜだろうと思う人も多いようなのです。しかし、**日本語の「らりるれろ」にはlとrと同じぐらいdの音も混じっている**ことを意識すれば、英語の発音と日本語の発音の違いがつかみやすいと思うのです。

　では、lとrをどのように意識すればよいのかというと、ぼくはいつも次のように説明しています。

　とにかく、**英語のrはとても弱い音です**。wに近いほど弱いので、決して舌を巻くべきではありません。

　それに対し、lの発音ははっきりとしています。学校で覚えた（かな？）要領で、舌の先をしっかりと上の前歯の後ろにつけて発音する練習をしましょう。口の形をつくるしかないので、筋トレや楽器の練習のつもりで、何度も反復するのが、結局は近道です。

〈 第1章の基本ルール 〉

①　ローマ字の表記は日本語の50音をアルファベットで表すために考えられたもので、英語の発音とは違う。

②　後ろから二つ目の音節を強調することが多い。

③　強調されない母音はいい加減な発音になりやすい。

④　fordで終わる地名や人名はすべてフッド [f*d] と発音する。

⑤　長く発音するときのaはエイ [ei] と発音する。

⑥　gのジュ [j] をズ [z] と発音することはない。

⑦ 語尾の [i] はすべて短く発音する。

⑧ 短く発音するときの er はアに近い音。

⑨ qu は英語では 99.9%、クウ [kw] と発音する。

⑩ -age で終わる単語の多くは発音が [-ij] となる。

⑪ 語尾の子音はちゃんと言うのではなく、「含み」程度で十分。

⑫ 最後にくる o は日本語の「オ」ではなく、オウ [ou] の発音になる。

⑬ 例外なく、最後の o は長い。

⑭ イギリスでは語尾が -re、-ar、-er、-ir、-or、-ur、-yr の場合、r は発音しない。

⑮ 語尾が -ng で終わる単語は、最後の g はほとんど発音しない。

⑯ 同じ子音を 2 回書くと、その前の母音の発音が短いことを示している。

⑰ 同じ子音が重なった場合は必ず無視して、一つだけのときと同じように発音する。

⑱ 一つの単語の中に同じ母音が二つ以上入っていると同じ発音をしない。

⑲ ar はオー [oo] と発音されることがある。

⑳ 日本語の「らりるれろ」には l と r と同じぐらい d の音も混じっている。

㉑ 英語の r は w に近いほどとても弱い音なので、決して舌を巻くべきではない。それに対し、l の発音ははっきりとしている。

第2章

「マスコミ」の好む
ヘンなカタカナ英語

● Yankees はなぜヤンキー「ス」になるのか？

　日本人の英語がなかなか通じない原因の一つに、ミーディア（media）の責任があると、ぼくは思っています。テレビや新聞、雑誌などで、カタカナで見たり、聞いたり、読んだりして身についてしまった記憶というのは強力です。それをいざ英語で言おうとすると、カタカナの日本語にひっぱられてしまうからです。ミーディアの責任は重大ですが、それにもかかわらず、間違った発音やおかしな発音で伝えているものがたくさんあるのです。この章では、それを挙げてみましょう。

　例えば、野球の松井秀喜選手がかつて在籍したメイジャ・リーグを代表するティームといえばどこでしょう？　そう、New York Yankees です。しかし、これを日本のミーディアは、「ニューヨーク・ヤンキース」と表記してしまいます。ここはやはり、「ヤンキーズ」と表記すべきでしょう。同様に、Dodgers は「ドジャズ」、Tigers は「タイガズ」でしょう。er を短く発音するのは、前の章で述べましたね。

　複数形の最後の s の読み方は、圧倒的にズ [z] のほうが多いというルールがあります。**ス [s] となるのは、その前の文字が c、f、k、p、t（つまり無声音）の場合のみです。**

　blues や news が複数名詞かどうかは微妙なところですが、とにかく発音はブルーズ [bluuz] であり、ニューズ [nyuuz] です。複数を示す場合以外の語尾の s に関しても、ほとんどズ [z] と発音します。

また、人名でも Miles はマイルズ、Giles はジャイルズ、James はジェイムズ、Charles はチャールズ、Hopkins はポプキンズ、Jenkins はジェンキンズ、Evans はエヴァンズです。Anthony Hopkins はアントニー・ホプキンズなのです。Eagles もイーグルズです。これを「アンソニー・ホプキンス」、「イーグルス」としてきたのは、ミーディアの責任が大きいと思います。

　ただ、これにもまた例外があります。Miles Davis の場合、最初の Miles はマイルズですが、Davis のほうはデイヴィスと最後がス [s] になります。マイルズ・デイヴィスです。

　Thomas もス [s] です。ただ、これは日本で言う「トーマス」ではなく、トムス [tomus] となります。

　また Soros、Marcus、Isis などの s もス [s] ですから、人名に関しては語尾の s の前の文字が e 以外の母音ならス [s] だと思ったほうが無難でしょう。

● 「クローズ・アップ」の発音は日本式

　もう少し、[s] か [z] かという問題にこだわってみます。日本では「ゆるい」という意味で「ルーズ」という言葉を毎日のように聞きますが、これは完全な間違いです。loose はルース [luus] です。ルーズ [luuz] と言うと lose、つまり失うというまったく別の言葉です。

　それから、同じ単語が名詞か動詞かによって、発音が変わる

ことがあります。例えば reuse（再利用）の場合は動詞として使うとリーユーズ [riiy<u>uu</u>z]、名詞ならリーユース [riiy<u>uu</u>s]。もちろん、use も同じく、動詞ならユーズ [y<u>uu</u>z]、名詞ならユース [y<u>uu</u>s] ですし、abuse（悪用、虐待など）も動詞はアビューズ [aby<u>uu</u>z]、名詞ならアビュース [aby<u>uu</u>s] です。

また、excuse もそうです。許すとか、勘弁するという意味だとイクスキューズ [ikskyu<u>uu</u>z]、言い訳の場合はイクスキュース [ikskyu<u>uu</u>s] です。

ちょっと違ったケースでは、refuse があります。これは断るという意味の動詞ではリフューズ [rify<u>uu</u>z] ですが、名詞となると意味はゴミ、そして発音はレフューズ [r<u>e</u>fyuuz] です。

また close という言葉。動詞の場合は閉じる、閉めるという意味でクロウズ [klouz] と発音しますが、形容詞の close はまったく別の単語で、意味は「近い」、発音はクロウス [klous] です。

日本で言う「クローズ・アップ」は、英語では営業時間が終わったあとの店や事務所などの戸締まりをすることを意味します。近距離から撮影する写真などのことはク**ロウ**ス・アプ [kl**ou**s ap] と言います。NHK の報道番組『クローズアップ現代』は国谷裕子さんが担当していたころ好きでしたが、観るたびにタイトルの表記が引っかかって残念です。

●ミーディアの好む単語には謎の表記が続々

　このように、ミーディアによく登場する英語には、おかしな表現が多々あります。もうお気づきの通り、「メディア」ではなくて、media はミーディア [miidi*] です。日本ではもっぱら「マスコミ」と言いますが、英語では mass media となります。ちなみに触媒、あるいは大中小の「中」を意味する medium もミーディウム [miidi*m] ですね。

　「テーマ」という単語は、日本語で頻繁に使われるものです。不思議な発音なので、ひょっとしたら英語以外の言語からとったのかもしれませんが、少なくとも英語では theme はシーム [thiim] と発音します。

　もう一つ、produce という言葉もミーディアでよく使われますが、これも誤解を招くことが多いと思います。動詞の場合は生産するとか制作するといった意味でプルデュース [pr*dyuus] と言います。生産物という意味の名詞となると、発音はプロデュース [prodyuus] です。

　日本では、特に音楽の制作に関して、「誰々のプロデュースによる……」といった使い方が目立ちますが、英語では produce という名詞はこのように使えません。この場合の「制作」を直訳すれば production となるのですが、多くの場合は違う言い方をしなければなりません。

　また、executive という言葉は、ここ数年、日本人の書く文

章にたびたび登場するようになりました。ステイタスの匂いがして、こういう言葉遣いをすることで自分がカッコよくなった気がするのでしょうか。

　しかし、「エグゼクティブ」では日本から一歩外に出たら何のことかわかりません。イクセキュティヴ [iksekyutiv] が正しい発音ですが、イグゼキュティヴ [igzekyutiv] のほうが言いやすければ、そこまでは譲ります。でも、ふだんは単に日本語の「取締役」でいいと思いますが。また、ぜいたく品などの関係で luxury もよく見かけます。これはラグジュアリーではなくラクシュリ [laksh∗ri] と発音します。

　multi- も日本で非常に好まれる言い方ですね。例えば、いろいろな楽器ができるミュージシャンを「マルチ奏者」と呼んだり、さまざまな才能を持っている人のことを「マルチ・タレント」と呼んだりしますが、英語ではこうした使い方はしません。multi（マルティ [malti]）は厳密に言えば副詞なので、形容詞につきます。多才は multi-talented（マルティ・タルンティ（ド）[malti tal∗nti(d)]）という表現になります。

　ちなみに talent（タルン（ト）[tal∗n(t)]）は才能のことで、英語圏でも芸能人のことを昔、talent と呼んだ時代がありましたが、この使い方は今やほぼ死語です。

　よく使われる「モバイル」は「携帯用の」という意味の mobile ですが、発音はモウバイル [moubail]。携帯電話のことをアメリカではふだん cell phone（セル・フォウン [sel foun]）、イギリスでは mobile phone（モウバイル・フォウン [moubail foun]）と言いますが、phone を落としてただの cell か mobile と呼ぶことも多くあります。とにかく、「モバイル」はへんてこです。

● 「ワン・パターン」では通じない

挙げはじめると次々に出てきますね。テレビや雑誌はまさにこうした言葉の宝庫です。

pattern（パトゥン [pat*n]）は模様という意味です。文才がないためにぼくが書く文章はワン・パターンであることはよくわかっていますが、この「ワン・パターン」も完全な和製英語で、日本以外ではまったく通じません。

英語ではたぶん monotonous（ムノトゥヌス [m*not*n*s]= 一本調子の）か、lacking in variety（ラキン・イン・ヴライアティ [lakin(g) in v*rai*ti]= ヴァラエティに欠ける）といった言い方になるかと思います。

pattern はあくまで本来の意味の模様として使うだけですから、あの日本語の表現はどのようにして生まれたのでしょうか。

ワン・パターンのついでに「ワン・マン」にも触れますが、これは one-man band とか、one-man operation（ワン・マン・オプレイシュン [wan man op*reish*n]= 一人による事業）のように、本当に一人しかいない様子を描くときだけに使うもので、「独裁者」というニュアンスでは使いません。そういうとき、

例えばワン・マン社長の場合は、やはり独裁者という意味の dictator（ディクテイタ [dikteit∗]）という表現になると思います。

only は「オンリー」ではなく、**オウンリ** [ounli]。この手の文字数の少ない言葉はカタカナに置き換えると、不思議なことに長く言うべき部分が短く、短く言うべき部分が長くなってしまいがちですが、正しく覚えてしまえば、うんと便利です。

世界中で robot が最も好きなのは日本人かもしれません。鉄腕アトムなど、いろいろな理由が挙げられるのですが、とにかく毎年学生のコンクールも開催されるし、さまざまなタイプの robot が開発されます。日本ではもちろん「ロボット」と言いますが、もし海外でその話をしようと思ったら **ロウボ（ト）** [roubo(t)] というふうに発音してくださいね。

不思議と言えば、mysterious。日本語でしょっちゅう使われるこの言葉も微妙に変。ミスティアリウス [misti∗ri∗s] です。

sales は日本語の発音では「留守を言え（セイルス）」と聞こえますね。正しくはセイルズ [seilz] で、ちなみに映画監督の John Sayles の Sayles も同じ発音です。

鉄、あるいは布のしわを伸ばす道具の iron を「アイロン」と言ったら、皮肉を意味する irony（**アイルニ** [air∗ni]）を間違って言ったと思われかねません。iron は**アイアン** [ai∗n] です。ちなみに「アイロンをかける」ことを ironing（**アイアニン**

[ai∗nin(g)]）と言います。

　自由のことを freedom と言いますね。細かいなと思われるかもしれませんが、「フリーダム」では意外にわかりにくいのです。フリードゥム [friid∗m] で、練習してみてください。

　日本語に humour と同じ意味の言葉はないのかな、と何度も考えましたが、どうやらなさそうですね。発音はヒューマ [hyuum∗] です。「ユーモア」はぼくも長年使い続けてきたので、うっかりすると英語圏では通じないことを忘れてしまいそうになります。でも、sense of humour が「ユーモアのセンス」と訳されることには、すごく抵抗があります。誰か日本語のいい表現をつくってくださいよ。

● レストランやカフェで注意したい単語は？

　海外のレストランで「ミネラル・ウォーター」とカタカナ発音で頼んでみても、なかなかわかってもらえないはずです。mineral は日本人にはすごく発音しにくい言葉なので、ミヌルウ [min∗r∗l] が難しければ、むしろただ単に water（ウォートゥ [woot∗]）と言っても相手はまずミネラル・ウォーターと判断してくれるでしょう。'Still or sparkling?' と聞いてきますから、好きなほうを選べばいいのです。

　飲み物からの連想というわけではありませんが、premium

はプリーミゥム [priiimi*m] です。これは主に形容詞として使われますが、名詞になることもあります。形容詞の場合は「最高級の」「高価格の」、名詞の場合はいろいろな意味がありますが、「普通より高い金額」、あるいは保険業界の専門用語として「保険料」が一般的な使い方です。「プレミアム・モルツ」は味が大好きですが、名前を口にするのは恥ずかしいです。ちなみに malt（モールト [moolt]）に複数形はありません。

　ついでに、すっかり日本語になっている「ケーキ」のような例もあります。cake はあくまでケイク [keik] です。前に挙げたブナーナ [b*naan*] の例を思い出していただければと思います。ブナーナ・ケイク [b*naan* keik] もチーズケイク [chiizkeik] もストローブリ・ショートケイク [stroob*ri shootkeik] も然りです。

　バナナかブナーナか、と同じ要領でもう一つ。potato、日本ではもっぱら「ポテト」と呼ばれているじゃがいもは、英語圏ではプテイトゥ [p*teitou] と言わなければ、レストランで注文しようとしても困ることが多いでしょう。ちなみに「ポテト・フライ」は fried potatoes（フライ（ド）・プテイトゥズ [frai(d) p*teitouz]）となりますが、アメリカではただの fries（フライズ [fraiz]）のほうが一般的で、イギリスでは chips（チプス [chips]）と言ってくださいね。

● 「スポーツ」は語呂が良くてもスポート

　スポーツに関する単語については、すでに随所で触れてきましたが、この「スポーツ」という言い方も英語ではあまり用いられません。多くの場合は単数形の sport と言います。しかし、ぼくが想像するに、日本で最初に「スポーツ」としたときには複数形のつもりではなかったかもしれません。確かに「スポート」と表記するよりは語呂がいいと思います。

　例えば、「シャツ」(shirt = シャー（ト）[sh**(t)]) にしても、「シーツ」(sheet = シー(ト)[shii(t)]) にしても、「バケツ」(bucket = バキ（ト）[baki(t)]) にしても、「カツレツ」(cutlet = カトリ（ト）[katli(t)]) にしても、明治時代の日本人ができるだけ英語の発音に似せたものだったのでしょう。外国の言葉をその時代時代でどのように日本語に移すか、その歴史がうかがえておもしろいのですが、しかし、いずれにしても日本以外では通じないので、英語で話すときは正しく言うように努力しましょう。

　ちなみにインターネット（インタネ（ト）[int*ne(t)]）時代になって頻繁に使われる「コンテンツ」も同じ発想かと思います。でも、英語で contents（コンテンツ [kontents]）と複数形で使うと、ほとんどの場合は本の目次、あるいはパッケージ（英語の package はパキジュ [pakij] と言うのですが）などの物理的な中身のことを指します。知的財産といった意味の場合は、必ず単数形の content（コンテント [konten(t)]）となるので、

ご注意ください。

スポーツ関係をもう一つ。アメリカと日本を除けば世界中でfootball（フトボール [futbool]）と呼ばれている soccer。もともとイギリスで rugby football と区別するために association（アソウシエイシュン [*sousieish*n]）football と名づけられたものです。association の soc を使って soccer となり、イギリスでもそう呼ぶことがそれなりにありますが、圧倒的に football のほうが多いわけです。

それにしても、soccer を「サッカー」とするのは許せません。アメリカではサークル [saakr] と言っているわけですから、それを真似するなら少なくとも正確に真似してほしいです。正しくはソカ [sok*] です。

sucker（スラングで言う「騙される人、カモ」のこと）という別の言葉があって、これはサカ [sak*] です。そして soca（ソウカ [souka]）もあります。これは音楽のジャンルで、ソウルとカリプソが合わさったもので、70 年代から 80 年代のTrinidad（トリニダド [trinidad]、a は伸ばさない）で流行ったものです。

● 北大西洋条約機構はネイトウ

先日、番組関係者から聞いた話をお伝えします。英語圏の人に北大西洋条約機構（NATO）のことを話すつもりで、日本語

で言う「ナトー」と発音したら、相手は何のことかわからず、納豆のことを言おうとしているのかと勘違いしたそうです。英語ではネイトウ [neitou] と言いましょう。

　もう一人の知り合いから聞いた話、その人がロンドンの大英博物館へ行ったときのエピソードです。古代エジプトのミイラを見たくて、係員にその場所を聞こうとしたのですが、「ミイラ」は英語だと思い込んで、Can you show me where to find the miira? と聞いたわけです。案内されたところにあったのは大きな鏡でした。何かの勘違いだと思って係員のところに戻ってもう一度念を押したのですが、やはり鏡のところに再度、案内されました。

　ミイラは英語で mummy と言います。マミ [mami] で、「お母ちゃん」と綴りも発音もまったく同じです。でも、それよりもおもしろいと思ったのは、その日本人の女性が思いもかけずわかりやすい発音をしたことでした。

　「鏡」は mirror、発音はミラ [mir*] ですが、日本では「ミラー」とされるためわかりづらくなるわけです。「ミイラ」では伸ばしすぎなのですが、それでも「ミラー」よりは通じるのでしょう。

● 日本人が嫌う音　その1「v」

　さて、どうしてミーディアが使うカタカナ英語は英語本来の発音とこんなにずれてしまうのか。それにはいろいろな理由があるのでしょうが、日本語にない音の中でも特に、日本人が避

けたがっている発音があるのだと思います。

　一つには、第1章の angel や garage の例ですでに見たように、g（[j]）の音です。日本人には発音しづらく、自然と避けて [z] になってしまうようです。

　こうした「日本人が嫌う音」はいくつかあります。これを意識して、英語の発音にすることで、ずいぶん伝わりやすくなります。

　v は日本語にない音ですから、使いづらいのはわかります。しかし、英語では重要な音です。ところが、原稿に v を含む単語をカタカナの「ヴ」で書くと、新聞や雑誌の編集者に「直される」ことがよくあります。日本のミーディアが v をこのように締め出すと、ますます一般の人々に苦手意識が生まれるのではないかと思います。

　v の発音は、上の歯で下くちびるを軽く押さえるのがコツです。

　歌手の Van Morrison はやはりヴァン・モリスン [van morisＮn] ですし、荷物を運ぶ車もヴァン [van] です。また有名人が多く住む Los Angeles の Beverly Hills は、「ビバリー・ヒルズ」ではなく、ベヴァリ・ヒルズ [bevＮli hilz] です。

　ついでに、自動車の Chevrolet はシェヴルレイ [shevrＮlei] と発音します。「シボレー」では通じませんね。また beverage もベヴリジュ [bevＮrij] です。最近よく耳にする「ビバレッジ」はまったくの化け物ですが、そもそもどうして「飲み物」ではだ

めなのでしょうか。

　ちょっと脱線かもしれませんが、この三つの例でお気づきでしょうか。なぜか英語の [e] の音が日本語で [i] に化けることがあります。Chevrolet の Che が「シ」に、Beverly の最初の Be が「ビ」に、beverage の be がやはり「ビ」になっています。**日本語の「イ」は英語の [i] よりもかなり強い音で耳障りなので、避けるべきです。**

　また反対のこともよくあります。例えば digital。これは**ディ ジトゥ** [dijit*l] という発音のはずなのに「デジタル」になっています。「ディ」という音が日本語にないのでわからなくもありませんが、英語を話すときは意識していただきたいものです。prestige という言葉も「プレステージ」と言うと誰にもわかりませんから、普通に**プレスティージュ** [prestiij] と発音しましょう。

　v の音でもう一つ困るのはカタカナにするとき b になるときと w か u になるときがあることです。例えば Valentine がバレンタインなのにロシア人の名前の Vladimir はウラジミール、作曲家の Wagner はワーグナー。原語によって区別している可能性がありますが、元は同じ v の音なのでとにかくわかりにくいです。
　virus という言葉は新型コロナウイルスのせいで頻繁に使われるようになりました。英語では**ヴァイラス**と発音します。コ ロナウイルスは**クロウナ・ヴァイラス**と言わないと英語圏の人には通じません。

同じ要領でレコードを製造するのに使う塩化ビニールの vinyl はヴァイナル [v<u>ai</u>n∗(l)] と言います。

●日本人が嫌う音　その2　「y」と「w」

　日本人の嫌う音の続きです。この二つの文字は子音なのか、それとも母音なのか、難しいところですが、基本的に子音だと思ったほうがいいです。

　y は決して「イ」と同じだと考えてはいけません。日本人が最も発音しにくい英単語の一つに year がありますが、日本人が発音する year はほとんどの場合、ear と聞こえます。「イ」は口が極端に横に広がる音ですが、**y を発音するときの口の形はむしろ [j] に近い**のです。日本語の「や・ゆ・よ」を例に話してみるとわかると思いますが、その要領で year = イア [yi∗] を練習してみるといいかもしれません。これも本当はカタカナにしづらい音ですね。

　w がおかしくなるのは、y と同様に似た母音の「ウ」のように発音しようとするときです。例えば woman はウムン [w<u>u</u>m∗n] でなければならないもので、「ウーマン」となってしまうと相手の顔に「?」マークが浮かぶこと間違いなしです。
　要領はそれほど難しいものではありません。口を極端に尖らせればよいのです。最初は意識過剰になるかもしれませんが、英語を上手に話そうと思ったら堂々と、日本語を話すときには

考えられないようなはっきりした発音が大事です。wolf もウルフ [wulf] と言いましょう。

　なお、頭文字の w に続く a は、[ei] となる場合を除けば、多くの場合 [o] か [oo] と発音します。合わせてルールとして覚えておくと便利です。

want = ウォン（ト）[won(t)] 〜が欲しい

wand = ウォン（ド）[won(d)] 魔法の杖

waltz = ウォルス [wols] ワルツ

wad = ウォ（ド）[wo(d)] 束

wall = ウォール [wool] 壁

walk = ウォーク [wook] 歩く

war = ウォー [woo] 戦争

ward = ウォード [wood] 病棟、（都市の）区

warm = ウォーム [woom] 暖かい

warn = ウォーン [woon] 警告する

wart = ウォー（ト）[woo(t)] イボ

warp = ウォープ [woop] 反る、歪む

Walter = ウォールタ [woolt*] 男性の名前

Wally = ウォリ [woli] 男性の名前の愛称

Watson = ウォッツン [wots*n] 名前

Watkins = ウォッキンズ [wokkinz] 名前（tk が [kk] と発音されることに注目）

● wh- で始まる言葉は [w-] で大丈夫

　同じ [w] の発音ですから、英語によく登場する疑問詞の what、when、where、why も取り上げておきましょう。日本では「ホワット、ホエン、ホエア、ホワイ」と教えられますし、そのように書いている雑誌なども見かけます。ですが、英語圏では意味不明です。

what = ウォ（ト）[wo(t)]
when = ウェン [wen]
where = ウェア [wea]
why = ウァイ [wai]

　また wheel はホイールではなくウィール [wiil]、white はホワイトではなくウァイ（ト）[wai(t)] といった具合で、wh- はすべて [w-] と覚え直していただきたいです。昔は少し h のニュアンスも含まれた発音をしていましたが、現在ではほとんどそのように話す人はいませんし、とにかく「ホ」という音とはまったく違います。

● th の発音はケイス・バイ・ケイス

　th の発音については日本人がみな、英語を習うときに嫌というほど聞かされる話だと思いますので、あまりうるさく言いませんが、できるだけ努力しましょう。

the、this、that などのように有声音か、Hathaway、mathematics などのように無声音かの区別は、これといったルールはありませんが、ケイス・バイ・ケイスで覚えるようにしましょう。わからないときは英語圏の人間に確認してください。

● o の発音はオ [o]？　それともア [a]？

　英語の綴りにひっぱられるのは、ミーディアも同じ。報道や広告などで頻繁に使うことで、間違ったまま、すっかり日本語化してしまっている単語はたくさんあります。o の綴りはオ [o] と読むこともア [a] と読むこともありますが、特に後者の場合、綴りに惑わされてか、カタカナでオとしてしまうことが多いのです。

　ホテルの受付のことを「フロント」と呼びますね。もうすっかり日本語化していますが、英語ではだいたい reception（リセプシュン [risepsh*n]）と言います。もちろん front という単語はいろいろと使いますが、発音は例外なくフラント [frant] です。この場合の o はア [a] と発音します。同様にタマネギのことを指す onion も、アニュン [any*n] と発音します。

　one がワン [wan]、none がナン [nan] であることは多くの日本人もわかっていると思いますが、win の過去形・過去分詞である won（勝った）もワン [wan] です。テニスの解説を務

める方々、ぜひ覚えてください！

　スポーツ関係（sport でしたね）から o の発音の例をもう一つ。野球などの glove はあくまでグラヴ [gl<u>a</u>v] です。日本語の「グローブ」を聞くと、地球儀（globe）や木立（grove）と勘違いする人がいるでしょう。
　厄介なことに grub（幼虫、あるいは昔のスラングでメシ）という言葉もあります。人名の Glover というのもグラヴァ [gl<u>a</u>v*] と発音しますが、Grover はグロウヴァ [gr<u>ou</u>v*] となります。

　さらにケイクなどを焼く oven はアヴン [<u>a</u>v*n] で、焼きたての熱いものを取り出すのに使う道具 oven glove はアヴン・グラヴ [<u>a</u>v*n gl<u>a</u>v] です。お風呂などで使う sponge もスパンジュ [sp<u>a</u>nj] ですね。

　また、comfort（居心地のよさ）、comfortable（楽な）の発音はカンフ（ト）[k<u>a</u>mf*(t)]、カンフタブゥ [k<u>a</u>mftab*(l)] です。「コンフォート」などと、日本語風に発音すると通じません。

　日本ではたぶん永遠に正しく把握されることがないのは、wonder と wander の違いでしょう。wonder（どうなのか考える）はワンダ [w<u>a</u>nd*]、wander（さまよう）はウォンダ [w<u>o</u>nd*] です。しっかりと覚えておきましょう。

　同様に worry（心配する）はワリ [w<u>a</u>ri] と発音します。絶対

に「ウォーリー」と言う人はいません！　ついでに、sorry は ソリ [sori] で、「ソーリー」ではないのです。「アイム・ソーリー」 なんて聞くと本当に間抜けな感じがするので、くれぐれもよろ しくお願いします。どちらも r が 2 回続くので前の母音が短い です。

● ou と ow の発音の違い

　ちょっと関連したところで、ou と ow の発音の違いについ ても触れましょう。

　brown cow（茶色の牛）をブラウン・カウ [braun kau] と発 音するのは日本人の誰もがわかっていることだと思いますが、 なぜか同じように認識されないケースがあります。

　かつてミュージシャンに英語の発音指導をしたときに最も苦 労したのは cloud でした。発音がクラウド [klaud] だと何度言っ ても、相手は文章を読むとどうしても文字情報をストレイトに 頭に入れるようで、「クロウド」と発音していました。文字情 報がそのまま口から出てきたのでしょう。
　crowd（群衆）はクラウド [kraud]、drown（溺れる）はドラ ウン [draun]、clown（道化師）はクラウン [klaun]、frown（し かめ面をする）はフラウン [fraun] といった具合です。

　知性がある人（場合によって物も）を highbrow と言います。

これは**ハイブラウ** [h<u>ai</u>brau] で、「ハイブロー」と言うと何のことを言っているかわからないことになります。

しかし、own（所有する）を**オウン** [oun] と発音する例もありますから、ow は必ずアウ [au] だと思っていると間違いを犯します。やはり一つひとつ覚えるしかないかもしれませんね。また blow（吹く）の過去分詞 blown は**ブロウン** [bloun]、grow（成長する）の過去分詞 grown は**グロウン** [groun]……この辺は合理的なのでわかりやすいでしょう。

ちなみに Harry Potter（**ハリ・ポタ** [hari p<u>o</u>ta]）の作者 J. K. Rowling は**ロウリン（グ）** [r<u>ou</u>lin(g)]、歌手の David Bowie は**デイヴィド・ボウィ** [d<u>ei</u>vid b<u>ou</u>wi] です。

英語の言葉の語源がラテン語やギリシャ語にあるケースが多く、その場合は発音が変わってくることもあります。音楽関係でよく使われる acoustic もギリシャ語が語源で、発音は**アクースティク** [ak<u>uu</u>stik] です。日本の音楽関係者のみなさん、また編集者のみなさん、お願いします!!

● u と ew は ウー [uu] かユー [yuu] か?

これは難しいです。ルールと言えるほどのものはないかもしれません。

でも、少なくとも -ution と書く言葉はウーシュン [-uush*n] と発音します。例えば revolution（革命）はレヴルーシュン [rev*luush*n]、solution（解決）はスルーシュン [s*luush*n]。日本のミーディアがかたくなに間違った表記を守っているのはなぜでしょうか。

　Miles Davis の有名な作品に『Bitches Brew』というのがあります。これは日本では『ビッチェズ・ブリュー』と書かれていますが、本当はビチズ・ブルー [bichiz bruu] でいいのです。Brew はカタカナで書いたら blue と同じになります。
　そういえば先に blues の発音に触れましたが、これを間違って「ブルース」と発音すると、人の名前の Bruce に聞こえてしまいます。音楽の話をしているときに、誰かがアメリカのロック歌手 Bruce Springsteen のことを話していると思うと、それが blues の話だったりします。

　ついでにマグロでおなじみの tuna。日本で言う「ツナ」は英語圏では通じません。チューナ [chuuna] と言ってください。
　また脱線しますが、昔、ロック・グループの REO Speedwagon のアルバム・タイトルで "You Can Tune A Piano But You Can't Tuna Fish" という、かなりくだらないダジャレがありました。つまり、「ピアノの調律は可能ですが、魚を調節することはできません」という無意味なものです。この「チューナフィシュ」は、まぐろのことです。

　もう一つ連想させてください。Led Zeppelin（レ（ド）・ゼ

プリン [led zep*lin] と発音しなければ何を言っているかわかりません）の曲で、"D'yer Mak'er" というのがあります。これは日本ではレコード会社が丁寧に「ディド・ユー・メイク・ハー」のような説明をつけていましたが、それでは彼らのちょっとしたジョークが台無しになってしまいます。この曲のリズムがレゲになっていることがヒントです。そう、D'yer Mak'er は Jamaica（ジャメイカ [j*meik*]）と発音するわけです。

　これに関してはイギリス人ならすぐに思い出す、昔からあるくだらない小話があります。男同士の会話です。

I haven't seen your wife lately. Is she not well?
（最近奥さんの姿を見かけませんけど、体調でも悪いのかな）
No, she's gone on a cruise to the Caribbean.
（いえ、実はカリブ海のクルーズに出かけたんだ）
Oh, Jamaica?
（そうですか。ジャメイカですか）
No, she went of her own accord.
（いえ、自分の意思で行きましたよ）

　一瞬何のことかと思いますよね。要するに Jamaica は D'yer Mak'er、つまり Did you make her?（強制的にそうさせたのか）と聞こえるところにジョークが隠されています。しかし、Jamaica のことを「ジャマイカ」と発音する日本では、これで人を笑わせるのは無理でしょう。

● -ew は一つひとつ覚えよう

　-ew で綴られる単語の発音は、ケイス・バイ・ケイスで覚えるしかありません。

　例えば、few（少ない）はフュー [fyuu]、pew（教会の中の椅子）はピュー [pyuu]、stew（煮込み料理）はステュー [styuu]、ロンドンの大きな植物園がある Kew はキュー [kyuu] です。

　では、-ew はユー [yuu] と発音するのかと思っていると、男性の名前の Andrew はアンドルー [andruu] です！　それから grew（成長した）はグルー [gruu]、flew（飛んだ）はフルー [fluu]（インフルエンザの flu と一緒）です。

　そして困ったやつもあります。sew（縫う）はソウ [sou]、sewing（裁縫）はソウイン [sowin(g)] という発音です。

● 語頭の re- はレ[re]かり[ri]か?

　もう一つ、判断しにくいものを挙げておきましょう。言葉の頭につく re- はレ [re] かり [ri] か、です。これもケイス・バイ・ケイスで、一つひとつ覚えるしかないのですが、日本ではすべてをリ [ri] とする傾向があるので、気をつけたほうがよいでしょう。

　例えば建物の改築のことを renovation と言いますが、その

発音はレヌヴェイシュン [ren*veish*n] です。本や雑誌では改築のことを英語で言うとき、「リフォーム」という言い方をしているのを見ることが多いですが、これはあくまで日本語であって、英語的な使い方ではありません。reform（リフォーム [rifoom]）という言葉はもちろんありますが、改革とか更生といった意味で使います。また、「リニューアル・オープン」とか「リフレッシュ・オープン」も英語では通じません。違った表現を使います。

　取材の場などでよく音楽、映画、本などの「お薦め」を聞かれることがあります。文章になったときに推薦の作品が「バラカンさんのリコメンド」と書かれることが多いですが、これはダブル間違いです。
　recommend の発音は「レコメンド」です。そして推薦の…（名詞）は recommendation となります。
　いっそのこと「お薦め」でいいと思いますが。

　音を伸ばすか伸ばさないかによって相手が理解しにくくなるケースも予想以上にあります。いくつかランダムに挙げさせていただきます。

telephone = テルフォウン [tel*foun]
headphones = ヘドフォウンズ [hedfounz]
earphones = イアフォウンズ [i*founz]（伸ばす）
goggles = ゴグルズ [goglz]（伸ばさない）
boy = ボイ [boi]（伸ばさない）

cowboy = **カウ**ボイ [ka̲u̲boi]（o は伸ばさない）

series = シ**ア**リズ [si∗riz]

　日本で言う「シリーズ」とは伸ばす箇所が反対。

chocolate = **チョ**クル（ト）[cho̲kl∗(t)]

private = **プラ**イヴ（ト）[pra̲iv∗(t)]

　ちなみに privacy はイギリスの英語では**プリ**ヴァシ [priv∗si]、アメリカでは**プライ**ヴァシ [pra̲iv∗si] と言います。

winner（勝者、あるいはテニスで相手が返せない、ポイントを稼ぐショット）= **ウィ**ナ [wi̲n∗]

　日本で言う「ウィンナー」は wiener (sausage) のようにも聞こえますが、こちらのほうは英語発音で**ウィー**ナ [wi̲i̲n∗] となります。

〈第2章の基本ルール〉

㉒ 複数形の最後の s の読み方は、圧倒的にズ [z] のほうが多い。ス [s] となるのは、その前の文字が c、f、k、p、t (つまり無声音) の場合のみ。

㉓ 同じ単語が名詞か動詞かによって、発音が変わることがある。

㉔ 日本語の「イ」は英語の [i] よりもかなり強い音で耳障りなので、避けるべき。

㉕ v の発音は、上の歯で下くちびるを軽く押さえるのがコツ。

㉖ y を発音するときの口の形はむしろ [j] に近い。

㉗ 頭文字の w に続く a は、[ei] となる場合を除けば、多くの場合 [o] か [oo] と発音する。

㉘ wh- で始まる言葉は [w-] で大丈夫。

㉙ th の発音はケイス・バイ・ケイス。

㉚ o の綴りはオ [o] と読むこともア [a] と読むこともある。

㉛ ow はアウ [au] と発音することが多いが、[ou] もあるので要注意。

㉜ -ution と書く言葉はウーシュン [-uush*n] と発音する。

㉝ -ew で綴られる単語の発音は、ケイス・バイ・ケイスで覚える。

㉞ 言葉の頭につく re- はレ [re] ともり [ri] とも発音するが、日本ではすべてをリ [ri] とする傾向があるので、気をつけたほうがよい。

第3章

固有名詞には
わかりにくい発音がいっぱい

● 固有名詞はなるべくきちんと発音しよう

　2008 年夏の北京オリンピック開会式で選手の入場行進が行われたとき、各国の名前がフランス語と英語と中国語の 3 か国語で紹介されました。そのときの中国語の発音は当然、漢字の中国語読みになっていたのですが、それらは日本のカタカナ発音の比ではない、驚くべきものでした。中国人同士で外国の名前を言うときはこう発音しているのかと、改めてショックを受けましたが、英語を話すときの中国人の発音とはまったく違うものでした。日本でもやはり、日本語として使う外来語の発音と英語を話すときの発音をはっきりと区別することが一番の課題だと思います。

　素朴な疑問があります。日本では中国の人名や地名をすべて日本語読みにしています。おそらく中国でも同じように、他国の人名や地名をすべて中国風に呼んでいるのでしょう。日本では北京のことを「ペキン」と呼び、南京のことを「ナンキン」と言いますね。ところが、本当は北京はベイジン、南京はナンジンなので、せっかく中国語読みに合わせるなら、なぜ正しく言わないのかなと思います。

　それはさておき、北京オリンピックの男子陸上 100 メートルと 200 メートルで驚くような世界新記録を出したジャメイカの Usain Bolt 選手の走る姿には感心しました。感心しなかったのは日本のアナウンサーがみな、彼の名前を「ウサイン」と伝えたことでした。

こういうとき、英語圏では絶対にこんな発音はありえない、という勘が働くものです。そこで早速 BBC の報道を観てみることにしましたが、案の定、**ユーセイン・ボウルト** [yuusein boult] でした。彼の記録はそう簡単には破られないと思いますし、人名はきちんと発音できるようにしたいものです。

● 国名や地名、企業名はとても難しい

　国名や、地名、企業名などは、国によって発音にずいぶんばらつきがあるので、絶対的なことは言えませんが、英語圏で通じにくい日本語発音をいくつか指摘してみましょう。

　イスラエルは英語の発音とかなり異なります。Israel は**イズレアル** [izre*l] です。その首都は Jerusalem ですが、これは**ジュルーサルム** [j*ruus*l*m]。頭の J はヘブライ語（英語で Hebrew = **ヒーブルー** [hiibruu]）では y の発音になりますが、e の前にくる y を嫌う日本語では落とされてしまって、「エルサレム」と表記されます。

　同じように、Yeltsin（元ロシア大統領）は**イェルツィン** [yeltsin] ですが、やはり日本語では y が落ちて、「エリツィン」となります。英語以外の言語について偉そうなことは言えませんが、高校でロシア語を少し学んだのでこれはわかります。例えば、yellow が言えるなら Yeltsin も言えるはずですが、とにかくこれはマスメディア（ミーディア……ぼくも疲れますよ）

の問題です。

　また、原発事故が起きた Chernobyl は英語ではチュノウブル [ch*noub*l] に近い発音で、日本で通常用いられる「チェルノブイリ」とは明らかに違います。

　このほか、北欧の Norway はノーウェイ [noowei]、Sweden はスウィードゥン [swiid*n]、地中海へ行って Portugal はポーチュグル [poochug*l]、Greece はグリース [griis]、その隣の Turkey はトゥーキ [t**ki]、東欧圏の Romania はロウメイニア [roumeini*]、Bulgaria はバルゲアリア [balge*ri*] と、日本語の発音とはかなり異なる読みが並びます。国名については、巻末にまとめましたので、ご覧ください。

　ついでに、いくつかわかりにくい地名を挙げておきましょう。

　ロンドン（ランドゥン [land*n]）には世界の標準時となっている天文台のある場所、Greenwich がありますね。これはなぜか辞書でも間違った発音で表記されていますが、英語ではグレニジュ [grenij] と言います。ニューヨークの Greenwich Village もグレニジュ・ヴリジュ [grenij vilij] です。

　同じような要領で、イギリスの地名で Woolwich はウリジュ [wulij]、Norwich はノリジュ [norij]、Harwich はハリジュ [harij]、Warwick はウォリク [worik] ですが、食べ物の sandwich はサンドウィチュ [sandwich] のままでかまいません。

　sandwich を例外とすると、以上は w を発音しないという例ですが、こうした形でときどき h も脱落します。Fulham はフ

ラム [ful*m]、Clapham はクラパム [klap*m]、Peckham はペカ
ム [pek*m]、そしてイギリス第2の都市 Birmingham はバーミ
ガム [B**mi(n)g*m] です。ただし、アメリカのアラバマ州の州
都 Birmingham はバーミングハム [B**mingham] と言いますか
ら、イギリス人も困ります！

　また一つ脱線させてください。人名で Hemphill というのが
あります。日本人は「ヘンフィル」と言いたがりますが、本当
はヘムプヒル [hemphil] です。直訳すれば麻丘（hemp+hill）
ということになります。

　前の章では a が [o] のように発音されるケースについて触れ
ましたが、地名の例では、アメリカの首都 Washington があり
ます。英語圏の人間にわかるようにしようと思ったらウォシン
トゥン [woshingt*n] と言いましょう。

　逆に文字通りに発音するのが、Columbus ＝ クラムブス
[k*lamb*s] や、Columbia ＝ クラムビア [k*lambi*] です。日本
で言う「コロンブス」や「コロンビア」はなかなか通じません。
英語とスペイン語では発音が確かに違いますが、この本ではあ
くまで英語の話をしています。

　Texas も「テキサス」などと言うと日本語の「キ」の音が強
いので、英語圏の人間には非常にわかりづらくなります。テク
サス [teks*s] と軽く発音します。
　x という文字の発音は厄介なようです。しかし、英語では単

純にクス [ks] でかまいません。同じように、expo も「エキスポ」ではなく、エクスポウ [ekspou] です。また、出口、あるいはその場から去ることをいう exit は、日本ではいろいろな発音をされますが、文字通りのエクスト [eksit] で OK です。「イグジット」のような発音をすると誰にも通じないでしょう。

● Sony はソウニ、Tony はトウニ

企業名では、自動車メイカーの Mercedes-Benz はムセイディーズ・ベンズ [m*seidiiz-benz]。省略するとき日本では「ベンツ」、英語圏ではもっぱらムセイディーズ [m*seidiiz] と言います。

かつてテレビでしょっちゅう流れていたソニーのコマーシャルの「It's a Sony !」というのを覚えている方も多いかと思います。ですが、なぜいつもソニーのことを英語でソウニ [souni] と呼ぶか、不思議に思ったことはありませんか。

Sony という綴りでは、英語圏ではそうとしか発音されないからです。「ソニー」と言わせるためには、sonny と書かなければなりません。しかし、英語では sonny の発音はサニ [sani] です。息子の son の愛称だからです。ジャズ・ミュージシャンの Sonny Rollins もサニ・ロリンズ [sani rolinz] です。やはり世界的に事業を展開したければ、企業名は慎重に選ぶべきです。

Tony はトウニ [touni] です。決して「トニー」というふうに

はなりません。

　また Joni も ジョウニ [jouni] です。歌手 Joni Mitchell はジョ
ウニ・ミチュ（ル）[jouni mich*(l)] だと思ってください。
Mitchell の tch ですが、ch に t がついたからといって、[ch] の
音を長く伸ばすものではありません。「ジョニ」という名前は
Johnny と書きます。これも「ジョニー」ではないのです。ち
なみに Joni Mitchell の Joni は本名 Joan（ジョウン [joun]）の
愛称として本人がつくった珍しい形です。

● 語尾の「い」の音は伸ばさない

　日本語で「い」と書いたのは、英語では「i」だったり、「y」
だったり、「ee」だったりするからです。
　例えば名前で Jimmy とか Tommy とか Bobby とか Johnny
とか、発音はジミ、トミ、ボビ、ジョニです。

　Jimi Hendrix という珍しい例もありますが、これはスペルが
違っても発音は Jimmy と変わりません。もともと Jimmy
James という芸名でやっていた時期があって、Jimi にしたの
は目立つからでしょう。ギタリストの Jimmy Page と Jimi
Hendrix を区別しようと、Jimmy を「ジミー」と表記して、
Jimi を「ジミ」とするのは、わからないわけでもありませんが、
両方ともジミ [jimi] が正しい発音です。

　Coffee のことは日本では「コーヒー」と発音しますが、こ

れはたぶんニューヨーク訛りに倣ったものでしょう。厳密に言えば「コアフィ」に近い発音です。アメリカのほかの地域ではむしろ「カーフィ」のような感じで、イギリスでは「コフィ」と言います。いずれにしても綴りにもかかわらず、最後の ee は短い音です。

しかし、例外はあります。「Free」、「flee」、「flea」、「glee」、「spree」、「me」、「she」、「he」、「degree」、「agree」、英語的に言うと一音節の言葉や、最後の音節が強調される短い言葉です。でも、coffee のように頭にストレスが来る場合は最後の ee は短いです。

また Kiwi（キーウィー）と Fiji（フィージー）という例もあります。おそらくどちらももともと英語以外の原語だからかも知れません。

「…ly」で終わる副詞も、やはり「ly」の発音は短いです。

また人名で「ey」で終わるものが少なくありません。大部分は「い」と短く発音します。
Marley（マーリ）、Harley（ハーリ）、Stanley（スタンリ）、Isley（アイズリ）、Crawley（クローリ）、Courtney（コートニ）などです。名前以外の言葉でも、語尾の「ey」はほとんど「い」と発音します。

例外として「they」（ゼイ）、「grey」（グレイ）、「hey」（ヘイ）、

「fey」（フェイ）名前では Trey（トレイ）、Frey（フライ）など、どれも一音節です。

● 誤表記されてきた人名

ついでに、ほかにも日本のミーディア（特に音楽関係ですが）で昔から間違った表記で書かれてきた人名がいろいろあるので、思いついたものをここで記しておきます。

Graham = グレイアム [grei*m]
　パンなどの場合も同じで、graham bread はグレイアム・ブレド [grei*m bred] です。なぜか作家の Graham Greene だけ、グラハムでなくグレアム・グリーンと比較的正しく表記されているのは不思議です。文学の世界は特別なんでしょうか。
Stephen = スティーヴン［stiiv*n］
　ときどき「ステファン」と書かれることがありますが、Stefan というドイツの名前とは別です。
Peter = ピータ [piit*]
　最後の er は短く発音します。
Aretha = アリーサ [*riith*]
Serena = スリーナ [suriin*]
Carlene = カーリーン [kaaliin]
Karen = カルン [kar*n]
Gary = ガリ [gari]
　ゲイリーという名前はありません。
Aaron = エアルン [ear*n]

Mary = メアリ [me*ri]

Marie = ムリー [m*rii]

Metheny = ムシーニ [m*thiini]

Mehldau = メルダウ [meldau]

Townshend = タウンゼンド [taunzend]

Gabriel = ゲイブリゥ（ル）[geibri*(l)]

David = デイヴィ（ド）[deivid]

Davidson = デイヴィドスン [deivids*n]

Harley = ハーリ [haali]

Bruford = ブルーフド [bruuf*d]

●○やMc が頭につく名前の読み方は？

　アイルランド系の人の名字では、O'Hara（オウハーラ [ouhaara]）、O'Malley（オウマリ [oumali]）など、O' がつく名前が非常に多くあります。ハーラの息子、マリの息子という意味です。その発音は「オ」ではなく、オウ [ou] です。

　同じくアイルランド系、そしてさらにスコットランド系の名前には、Mc（場合によって Mac）がつく名前が多くあります。これも同じように「……の息子」という意味です。

　長いこと妙な表記が多かったのですが、2008 年のアメリカ大統領選挙の共和党候補 John McCain のお陰で少しまともになっているようです。昔だったら「マッケイン」と書かれるところだったのでしょうが、今はちゃんと「マケイン」となって

います。政治の世界でそういった表記の間違いが指摘されると、ミーディアはさすがにすぐ直そうとしますね。ただし、本当はムケイン [m*kein] のほうがより正確ですが。

　もう一つ付け加えておきましょう。Sarah は英語圏では絶対に「サラ」とは発音しません。John McCain が副大統領候補に選んだアラスカ州知事 Sarah Palin は、日本の媒体でことごとく「サラ」と呼ばれていました。英語圏ではこの名前は必ずセーラ [seer*] と発音されます。

　McCain のように、一つのルールとして Mc の後にくる文字が c か g なら、Mc の c を発音しない、と思ってください。

　同じように Paul McCartney は、ぜひポール・ムカートニ [pool m*kaatni] にしてほしいものです。ついでに音楽の世界では、アイルランドのゴキゲンなパンク・フォークのバンド、The Pogues（ポウグズ [pougz]）のリード・ヴォーカルを担当した Shane MacGowan はシェイン・ムガワン [shein m*gaw*n]、フォーク・ロックの草分け的存在 The Byrds（バーズ [b**dz]）のリーダー Roger McGuinn はロジャ・ムグウィン [roj* m*gwin]、ジャンルを限定できないスキャット・ヴォーカルの天才 Bobby McFerrin はボビ・ムクフェリン [bobi m*kferin] です。日本ではずっと「マクファーリン」と呼ばれていますが、すでに見たように rr の存在によって、その前の母音が短いことがわかるわけです。

　また脱線。McGuinn で思い出しましたが、penguin はペングウィン [pengwin] ですね。

ちょっと変わった例ですが、McLeod という名前はムクラウド [m∗klaud] と言い、McLean はムクレイン [m∗klein] と読んだり、ムクリーン [m∗kliin] と読んだりします。

　それから、テニス選手 John McEnroe は、正しくはジョン・マクンロウ [jon mak∗nrou] です。初めてこの名前を知ったころ、ぼくは日本にいたので、ずっと間違った発音で呼んでいました。

　あとは McDonald。日本人はどうしても「マクドナルド」と言ってしまうのですが、英語のネイティヴ・スピーカーには極めてわかりづらい発音であることをお忘れなく。ムクドヌルド [m∗kdon∗ld] です。

● to と two、for と four の違いは?

　ずっと固有名詞の話を書いてきたので、固有名詞と同様によく使われる前置詞の発音についても触れておきましょう。

　まず、to と two、そして too の発音の違いです。two と too はトゥー [tuu] でいいですが、to は後に続く名詞か動詞に比べて極めて弱いイントネイションになります。カタカナでは表現できませんが、トゥ [tu] というより [t∗] に近いものです。

　また、four はフォー [foo] ですが、前置詞の for はどちらかといえばフォ [fo] で、多くの場合はもっと弱い [f∗] 程度でしょう。

昔、ロンドン在住の日本人の友だちから聞いた、嘘のような、もしかしたら本当かもしれない話があります。バスに乗って、運賃を取りに来た車掌に「トゥー・ピカディリ」と言ったら切符を 2 枚くれた。「ノー、ノー、フォー・ピカディリ」と言い直すと 4 枚もらっちゃった。どう言ったらいいかわからず途方に暮れて、「えーと」と言ってしまい、何と 8 枚の切符を渡されてしまった……。

　ということは、「えーと」と言ってもちゃんと [ei(t)] というふうに解釈してくれることもあるかもしれませんが、まあ、これは作り話でしょうね。

　第 1 章で、長いときの a はエイ [ei] と発音すると書きました。繰り返しになりますが、標準的な英語には「エー」という音がないと思ってください。必ず「エイ」になります。例えば、「デート」の date もデイ（ト）[dei(t)] で、日付にしても、二人で遊びに行くことにしても、中東の干した果物ナツメヤシにしても、どれも発音は一緒です。

● 電車や飛行機の案内の変なイントネイション

　最近、地下鉄をはじめ、電車に乗ると車内の案内を英語でもやっていることが多いのですが、それを話している日本人の女性の発音とイントネイションはものすごくぼくの神経に触るものです。

例えば、'The next station is Ginza. Please change here for the Hibiya line and the Marunouchi line.' と言う場合、Please から始まる後半の文では Please change here を強く言って、for the を弱め、Hibiya を強く、line and the を弱く、Marunouchi を強く、line を弱く言います。強く言うところを太字にして、英語らしく書き直すと 'Change here for the **Hibiya** and **Marunouchi** lines. ' となります。

　これは特に難しいことだとは思いませんが、流れてくる案内は全部がひっくり返っています。here が弱くて、for はやたらと強調され、line も不自然に重いイントネイションで言っています。

　一番困るのは、多くの日本人が毎日何げなくこんな間違った英語を耳にしていることです。気がつくと本物の英語のように勘違いする人が圧倒的に多いでしょう。電鉄会社に速やかな改善を求めたいものです。無料で相談に乗りますよ！

　新幹線はまだましです。しゃべっているのはたぶんイギリス人やオーストラリア人の女性ですが、原稿は日本語を直訳したような、英語としてはかなり不自然な部分が目立つものです。しゃべり手には「これはおかしい」と指摘する権利がない、ということでしょうか。

　また、ほとんどの電車の英語案内に共通しているのは声のトーンが甘ったるいことです。日本語でもそうしたこびた話し方は個人的には苦手ですが、40 年以上我慢してきました。しかし、英語でもそのままの感覚でやられたらたまったものではありません。業務連絡にはイヤシ系は不要です！

ただ、イントネイションがおかしいとはいえ、電車の案内は
まだ聞き取れるだけ救いがあります。ぼくがいつも利用してい
る国内の航空会社の機内アナウンス（英語では announcement）
はさらに困ったものです。

　最近の安全に関する一連のアナウンスメントは、事前に録音
された2か国語のものになっていますが、それ以外の、乗務員
が生で話すものに関しては、注意して聞かなければほとんど理
解できないほど発音が悪いケイスが多いです。

　最も不思議なのは、どの飛行機でも、どの乗務員でも、その
発音のおかしさとわかりにくさがまったく同じだということで
す。きっと、スタッフ（staff はスターフ [staaf] ですが）に教
えている先生自身の発音がおかしいのでしょう。

● まだまだたくさんある気になる発音

　この本の原稿を書いていると、日ごろから気になっている変
な発音を次々と思い出します。あとは思いつくまま、ランダム
に挙げますので、応用問題として発音を考えてみてください。

orange = オリンジュ [orinj]
　日本の発音のオレンジ [orenji] では本当に通じません。俺ん
　ちに来い？
odyssey = オディシ [odisi]
　「オデッセイ」は本当に改めてほしいです。

decade = デケイド [dekeid]

　10 年間という意味。日本で言うディケイド [dikeid] は decayed（腐った）としか聞こえません。

design = ディザイン [dizain]

skeleton（骸骨）= スケリトゥン [skelit*n]

　「スケルトン」ではおかしいです。

signature（署名）= シグヌチャ [sign*ch*]

metaphor（比喩）= メトゥフォー [met*foo]

miniature（縮小版）= ミニチャ [minich*]

variation = ヴェアリエイシュン [ve*rieish*n]

variety = ヴライアティ [v*rai*ti]

　細かすぎるかな。日本語の「バラエティ」はいつも耳に引っかかります。

symmetry（左右対称を意味する名詞）= シムトリ [sim*tri]

symmetric（同じく、形容詞）= シメトリク [simetrik]

oasis = オウェイシス [oweisis]

　ロック・バンドの名前でもあります。

●英語の句読点などについて

　これは発音のことではありませんが、日本語の文章で外来語を使うとき、「中黒（・）」なしに延々単語を続ける方が多いです。これは日本語をいつも読んでいる日本人には違和感がないかも知れませんが、ぼくには地獄のように読みにくいです。

　まあ、それはさておき、普段から日本語でそのように書いて

いるためか、日本語のメイルの中で英語の文章を書くときもスペイスを空けずに書く人が少なくありません。これは絶対にやってはいけないことです。

　また、英語では「,」や「.」の後は必ずスペイス（半角）を空けます。そして「()」の前後も必ず空けます。「&」もそうです。空けないと極めて不自然に見えて気持ち悪いです。あまりにもこういう間違いを見るので、学校でこんな初歩的なことさえ教えていないのではないかと目を疑います。

○ 店の看板cafe and wineはおかしい

　and の使い方についても一言。and の前と後にくるのは同じ種類の言葉でなければなりません。街を歩いていると、店の看板に「cafe and wine」といったものがあるのですが、cafe は店の種類で、wine は飲み物なので、and でつなげると英語としてはおかしいです。正しくは、coffee and wine です。pizza（ピーツァ [piits*]）and wine でも OK ですし、cafe and wine bar なら大丈夫です。

　ちなみに、レストランの看板で頻繁に目撃する間違いは dining（ダイニン [dainin(g)]）の綴りです。dinning と書かれている場合が多いですが、これではディニン [dinin(g)] と読んでしまって、意味不明になります。

　お店の看板でついでにもう一つ。日本語には複数形がないの

で難しいのですが、店の看板で「used book」を見るといつも笑ってしまいます。古本が一冊だけあることになりますから、営業している方、気をつけてくださいね。

pastry = ペイストリ [peistri]
　近ごろは、フランス語やイタリア語などの外来語を使うことがカッコいいとされているようで、patisserie（パティスリ [patisuri]）はよく耳にするようになりました。ケイク屋さんのことですが、英語の pastry と同じ語源です。とにかく、「ペストリー」ではわかりにくいです。
　ちなみに pastry の代表的なものが Danish（デンマークの）ですね。発音はデイニシュ [deinish] です。

waffle = ウォフル [wofl]
　ベルギー発のおいしいお菓子をもし英語圏で食べようと思ったら、ウォフルを注文するようにしてください。「ワッフル」はまったく通じません。

cabbage（日本ではキャベツと呼ばれる野菜）= カビジュ [cabij]
　YMO の事務所で働いていたころ、ぼくが人のことをバカにしたようなジョークを言うと、高橋幸宏はよく「それはキャベツ!」と反応したのです。その言い方が頭から離れず、40 年近く経った今でもときどき使います。
　ちなみに、フランス語では cabbage のことを chou（シュー [shuu]）と言います。「シュー・クリーム」というお菓子は、正しくは chou à la crème（シュー・ア・ラ・クレム [shuu a la

krem]）というものですが、英語では間違っても「シュー・クリーム」を注文しないでください。クリーム状の靴磨きが出てきますから……。

lemon = レムン [lem*n]
melon = メルン [mel*n]

　実はこれまで説明したことの例外です。**単語の真ん中の子音が一つしかない場合は、その前の母音が長いと書きましたが、**この場合は当てはまりません。例えば、重罪犯という意味のfelon（**フェルン** [fel*n]）とか、ほかにもいくらでも例があるでしょう。まあ、ルールは破るためにある、というものかな。それでもルールはルールです。

perfume = **プーフューム** [p**fyuum]

　香水のことにしても、音楽をやる人たちのことにしても……。

ballad = **バラ（ド）** [bal*(d)]

　ポピュラー音楽ではテンポの遅い歌のことをこう呼ぶのですが、もともとは物語を伝える長い歌のことでした。いずれにしても、「バラード」ではわかりません。

runner = **ラナ** [ran*]

　スポーツの関係でよく出てくる言葉ですが、n が二つあっても、一つしか発音しません。これは鉄則です。

pharaoh（古代エジプト = **イージプト** [iijipt] の王）= **フェアロ**

ウ [fe*rou]

これは日本語の「ファラオ」のほうが本当は正しいと思いますが、英語圏では通じません。それから、ジャズのサックス奏者で Pharoah Sanders という人がいます。本名は Ferrell Sanders（フェルウ・サンダズ [fer*(l) sand*z]）です。その Ferrell がフェアロウ [fe*rou] に聞こえてしまったのか、明らかにそれをもじって芸名を選んだわけですが、スペル（本当は spelling）を -oah としているにもかかわらず、日本では「ファラオ」と呼ばれているため、せっかくのしゃれが台無しになってしまっています。

phoenix（不死鳥）＝ フィーニクス [fiiniks]

日本で不死鳥を「フェニックス」と呼ぶにしても、アメリカの Arizona（アリゾウナ [arizoun*]）州の地名はフィーニクス [fiiniks] です。

ultimate（最終的な、究極の）＝ アルティムト [altim*t]

ただ、ultimatum（最終通達）はアルティメイトゥム [altimeit*m] となります。

change（変化、変更など）＝ チェインジュ [cheinj]

「チェンジ」なんて言ったら中国人の名前のように聞こえるでしょう。

pleasure（快楽）＝ プレジャ [plezh*]

この [zh] は無声音の [sh] が有声音になった音です。フラン

ス語の [j] と同じで、英語の [j] とは違いますが、その違いを
カタカナで表すことは不可能です。

● 再び、日本人にとって発音しにくい言葉

lackey（下男）も lucky（幸運な）も表面的には発音が同じ
ように見えます。この本の発音表記では両方とも**ラキ** [r̠aki] と
なりますが、a と u はそうとう違う音です。

もう一つの例で、イギリス海峡は English Channel と言いま
す。フランス人は la manche（袖 ＝ ラ・マーンシュ [la
maansh]）と呼びますけどね。その下を走ってイギリスとフラ
ンスをつなぐ tunnel があることはご存じの方が多いでしょう。
ロンドン－パリ間を 3 時間ほどで行き来する Eurostar もこの
tunnel を利用しています。

さて、その Channel Tunnel の発音は**チャヌ（ル）・タヌ（ル）**
[chan∗(l) tan∗(l)] となります。a と u の違い、nn の練習、そし
て語尾の l の練習がすべて一度にできる地獄の表現です。

tunnel と同じように、kennel は**ケヌ（ル）** [ken∗(l)] となり
ます。それから、車の bonnet は**ボニ（ト）** [boni(t)]、hammer
は**ハマ** [ham∗]。dilemma は**ディレマ** [dilem∗] で「ジレンマ」
と発音するとまったく通じません。語尾は似ていても、句読点
の comma は**コマ** [koma]（昏睡状態の coma は**コウマ** [koum∗]）
という例もあります。

これほど日本人にとって発音しにくい言葉はないということ
では、衣類という意味の clothes もそうかもしれません。この
本で使っている表記法でどう書いていいかも迷いますが、意外
に「閉じる」という意味の close（クロウズ [klouz]）と同じに
しても通じると思います。きちんと言おうとするとむしろ墓穴
を掘りそうなものです。

　そうそう、衣類で思い出しました。sweater は「セーター」
では通じません。スウェタ [swet*] と言ってください。
　avocado が「アボガド」に化けるのと同じように、どういう
わけか jacuzzi（ジュクージ [j*kuuzi] が「ジャグジ」に化けたり、
逆に bag（バグ [bag]）が「バック」に化けたり、日本語には
ときどき妙な現象が起きます。理由はわかりませんが、とにか
く指摘するしかないでしょう。

　こういうのを「老婆心」と言う人もいますね。ぼくもすでに
senior citizen と呼ばれるような年齢にさしかかっていますが、
できれば senior はシーニア [siini*] と言っていただきたいです
ね。また「年功序列」（だんだん死語になりつつあるかな）を
意味する seniority も、先日読んだ長年アメリカで働いていた
方の本で「セニョリティ」と書いてありましたが、正しくはシー
ニオリティ [siinioriti] です

〈第3章の基本ルール〉

㉟ 一音節の言葉や、最後の音節が強調される短い言葉以外は、「i」「y」「ee」になる語尾の「い」の音は伸ばさない。

㊱ 「ly」「ey」の音も一音節の言葉以外は伸ばさない。

㊲ アイルランド系の O' がつく名字の発音は「オ」ではなく、オウ [ou]。

㊳ Mc の後にくる文字が c か g なら、Mc の c は発音しない。

㊴ to は極めて弱いイントネイションになり、トゥ [tu] というより [t*] に近い。

〈おまけ〉

発音には関係ありませんが、文章を書く上で知っておきたいこと

㊵ 「,」や「.」の後、「()」「&」の前後には必ずスペイスを空ける。

㊶ and の前と後にくるのは同じ種類の言葉でなければならない。

first names / surnames /
countries / place names

【付録 1 first names】

　思いつくままに英語圏で比較的よく見る名前をアルファベット順に並べました。英語圏で「……ちゃん」のようなニュアンスで愛称を頻繁に使うので、右のコラムにはそれぞれの名前の愛称とその発音も記しました。Bob のように愛称なのに本当の名前のように思われがちないくつかの例を左コラムで記し、右の方でカッコの中でその「本名」を記しています。

　イギリスとアメリカで同じ名前でも発音が違う場合もありますし、それでも例外もあります！　あまり一般的ではない名前でも、ミュージシャンや俳優などで知られているものも含めましたが、本当は英語圏ではなくアイルランドやほかの国のも少し入っています。何度もアップデイトしたものの、きっと見過ごしている名前もあるでしょう。お許しください！　ここにない名前の発音について疑問があればメイルをいただければ答えますし、インタネットで「…… pronounced」で検索をかければ大概出てきます。

first names	nick names
Aaron [ear*n]	
Abigail [abigeil]	Abby [abi]
Abraham [eibr*ham]	Abe [eib]
Adam [ad*m]	
Adrian [eidri*n]	Ady / Adie [eidi]
Alan [al*n]	Al [al]
Albert [alb*t]	Bert [b**t]

Alfred [alfrid]	Alf [alf]
Alec[alik]	
Alexander [aliksaand*]	Alex [aliks]
Alfred [alfrid]	Alf / Alfie / Fred [alf / alfi / fred]
Alexis [*leksis]	Alex [aliks]
Alice [alis]	
Alicia [*liish*]	
Alistair [alist*]	
Allen / Allan [al*n]	
Alma [alm*]	
Alvin [alvin]	
Amanda [*mand*]	Mandy [mandi]
Amber [amb*]	
Amos [eimos]	
Amy [eimi]	
André [aandrei]	
Andrea [andri*]	Andy [andi]
Andrew [andruu]	Andy [andi]
Angela [anj*l*]	Angie [anji]
Angelique [anj*liik]	
Angus [ang*s]	
Anita [*niit*]	
Ann / Anne [an]	Annie [ani]
Anna [an*]	
Annabelle [an*bel]	
Anthony [ant*ni (UK) / anth*ni (US)]	Tony [touni]
Aoife [iif*]	
Aretha [*riith*]	

Arlen [a̱al*n]	
Arnold [a̱an*l(d)]	
Arthur [a̱ath*]	Art [a̱at]
Ashley [a̱shli]	
Augustus [ooga̱st*s]	Gus [ga̱s]
Aurora [*ro̱or*]	Rory [ro̱ori]
Austin [o̱stin]	
Barbara [ba̱ab*r*]	Barbie / Babs [ba̱abi / ba̱bz]
Barnaby [ba̱an*bi]	
Barrett [ba̱r*t]	
Barry / Barrie [ba̱ri]	Baz [ba̱z]
Beatrice [bi̱*tris]	Bea [bi̱i]
Beau [bo̱u]	
Belle [be̱l]	
Benedict[be̱n*dikt]	
Benjamin [be̱nj*min]	Ben / Bennie / Benny / Benjie [be̱n / be̱ni / be̱ni / be̱nji]
Beth [be̱th]	
Betty [be̱ti]	*(Elizabeth)*
Beverly [be̱v*li]	Bev [be̱v]
Billie [bi̱li]	
Billy [bi̱li]	*(William)*
Blake [ble̱ik]	
Bo [bo̱u]	
Bob [bo̱b]	*(Robert)*
Bobby [bo̱bi]	*(Robert)*
Bonnie [bo̱ni]	
Booker [bu̱k*]	
Brad [bra̱d]	

Bradley[bradli]	
Brandon [brand*n]	
Brenda [brend*]	
Brian / Bryan [brai*n]	
Brianna [brian*]	
Bridget [brijit]	
Brigid [brijid]	
Brinsley [brinzli]	
Brittany [brit*ni]	
Brook [bruk]	
Bruce [bruus]	
Bryn [brin]	
Camilla [k*mil*]	
Carl [kaal]	
Carla / Karla [kaal*]	
Carol / Carole [kar*l]	
Caroline [kar*lain]	
Carolyn [kar*lin]	
Cary [kari]	
Cassandra [c*sandr*]	
Catherine / Katherine / Kathryn [kath*rin]	Cathy / Cath / Kate [kathi / kath /keit]
Cecil [ses*l (UK) / siis*l (US)]	
Cecilia [s*siili*]	
Cedric [sedrik]	
Charles [chaalz]	Charlie / Chas / Chuck (US) [chaali / chaz / chak (US)]
Charlotte [shaal*(t)]	

Cheryl [sher*l]	
Christian [krisch*n]	
Christina [kristiin*]	
Christine [kristiin]	
Christopher [krist*f*]	Chris [kris]
Cicely [sis*li]	
Cindy / Cyndi [sindi]	
Clare / Claire [cle*]	
Clara [cle*r*]	
Clarence [klar*ns]	
Claude [klood]	
Cliff [klif]	
Clive [klaiv]	
Clyde [klaid]	
Colin [kolin (UK) / koul*n (US)]	
Conrad [konrad]	Connie [koni]
Constance [konst*ns]	Connie [koni]
Corinna [koriin*]	
Courtney [kootni]	
Craig [kreig]	
Crystal [krist*l]	
Curtis [k**tis]	
Cynthia [sinthi*]	Cyn [sin]
Cyril [sir*l]	
Daniel [dany*l]	Dan / Danny [dan / dani]
Danielle [danyel]	
Darlene [daaliin]	
David [deivid]	Dave [deiv]

Dean [diin]	
Deborah [deb*r*]	Debbie / Deb [debi / deb]
Debra [debr*]	
Denise [d*niis]	
Dennis [denis]	Denny [deni]
Derek [derik]	
Desmond [dezm*n(d)]	Des [dez]
Diana [daian*]	
Diane [daian]	
Donal [doun*l]	
Donald [don*l(d)]	Don / Donny / Donnie [don / doni / doni]
Donna [don*]	
Dora [door*]	
Doris [doris]	
Dorothy [dor*thi]	Dot / Dotty [dot / doti]
Douglas [dagl*s]	Doug [dag]
Doyle [doil]	
Drew [druu]	
Duane / Dwayne [dwein]	
Dylan [dil*n]	
Earl [**l]	
Edgar [edg*]	
Edmund [edm*n(d)]	
Edward [edw*d]	Ed / Eddie / Ted / Teddy [ed / edi / ted / tedi]
Edwin [edwin]	
Eileen [ailiin]	
Eleanor [el*n*]	

Eleanora [el*n<u>oo</u>r*]	
Elijah [il<u>ai</u>j*]	
Eliza [il<u>ai</u>z*]	
Elizabeth [il<u>i</u>z*b*th]	Liz / Lizzie / Beth / Betty [l<u>i</u>z / l<u>i</u>zi / b<u>e</u>th / b<u>e</u>ti]
Ella [<u>e</u>l*]	
Elliott [<u>e</u>li*t]	
Elton [<u>e</u>lt*n]	
Elvin [<u>e</u>lvin]	
Elvis [<u>e</u>lvis]	
Emanuel / Emmanuel [im<u>a</u>nyu*l]	Manny [m<u>a</u>ni]
Emanuelle / Emmanuelle [imanyu<u>e</u>l]	
Emily [<u>e</u>m*li]	
Emma [<u>e</u>m*]	
Eric [<u>e</u>rik]	
Erma [**m*]	
Ernest [**nist]	Ernie [**ni]
Estelle [ist<u>e</u>l]	
Esther [<u>e</u>st*]	
Ethan [<u>ii</u>th*n]	
Etta [<u>e</u>t*]	
Eugene [yuuj<u>ii</u>n]	Gene [j<u>ii</u>n]
Eve [<u>ii</u>v]	Evie [<u>ii</u>vi]
Evelyn [<u>ii</u>vlin (UK) / <u>e</u>vlin (US)]	
Ewan [y<u>u</u>w*n]	
Felice [f*l<u>ii</u>s]	

Floyd [floid]	
Frances [fraansis]	Fran / Fanny [fran / fani]
Francis [fraansis]	Frank [frank]
Frank [frank]	*(Francis)*
Franklin [franklin]	
Freda [friid*]	
Frederick [fred*rik]	Fred / Freddie / Freddy [fred / fredi / fredi]
Gabriel [geibri*l]	Gabe [geib]
Gabrielle [gabriel]	Gabby [gabi]
Gail [geil]	
Gareth [garith]	
Garth [gaath]	
Gary [gari]	
Gavin [gavin]	
Geoffrey / Jeffrey [jefri]	Geoff / Jeff [jef]
George [jooj]	Georgie [jooji]
Gerald [jer*l(d)]	Gerry [jeri]
Gertrude [g**truud]	
Gilbert [gilb*t]	Gil [gil]
Giles [jailz]	
Gillian [jili*n (UK) / gili*n (US)]	
Gloria [gloori*]	
Glyn [glin]	
Godfrey [godfri]	
Gordon [good*n]	
Grace [greis]	
Graham [grei*m]	

Grant [gr<u>aa</u>nt (UK) / gr<u>a</u>nt (US)]	
Gregory [gr<u>e</u>g*ri]	Greg [gr<u>e</u>g]
Guy [g<u>ai</u>]	
Gwyneth [gw<u>i</u>nith]	
Hamish [h<u>ei</u>mish]	
Hannah [h<u>a</u>n*]	
Hardy [h<u>aa</u>di]	
Harold [h<u>a</u>r*l(d)]	Harry [h<u>a</u>ri]
Harry [h<u>a</u>ri]	*(Harold, Henry)*
Hazel [h<u>ei</u>z*l]	
Heather [h<u>e</u>th*]	
Helen [h<u>e</u>l*n]	
Henry [h<u>e</u>nri]	Harry / Hank [h<u>a</u>ri / h<u>a</u>nk]
Herbert [h**b*t]	Herb / Herbie [h**b / h**bi]
Howard [h<u>au</u>*d]	
Hugo [hy<u>uu</u>gou]	
Humphrey [h<u>a</u>mfri]	Humph [h<u>a</u>mf]
Ian [<u>i</u>*n]	
Ilora [il<u>oo</u>r*]	
Irene [air<u>ii</u>n/<u>ai</u>riin]	
Irma [**m*]	
Isaac [<u>ai</u>z*k]	Ike [<u>ai</u>k]
Isabel [<u>i</u>z*bel]	
Isabella [iz*b<u>e</u>l*]	
Ivan [<u>ai</u>v*n]	Van [v<u>a</u>n]
Jacob [j<u>ei</u>k*b]	Jake [j<u>ei</u>k]
Jack [j<u>a</u>k]	Jackie [j<u>a</u>ki]
Jackson [j<u>a</u>ks*n]	

Jaco [j<u>a</u>kou (UK) / j<u>aa</u>kou (US)]	
Jacqueline [j<u>a</u>k*lin]	Jackie [j<u>a</u>ki]
James [j<u>ei</u>mz]	Jim / Jimmy / Jimi / Jamie [j<u>i</u>m / j<u>i</u>mi / j<u>i</u>mi / j<u>ei</u>mi]
Janet [j<u>a</u>nit]	Jan [j<u>a</u>n]
Janice / Janis [j<u>a</u>nis]	Jan [j<u>a</u>n]
Jason [j<u>ei</u>s*n]	
Jay [j<u>ei</u>]	
Jean [j<u>ii</u>n]	
Jenna [j<u>en</u>*]	
Jennifer [j<u>e</u>nif*]	Jenny [j<u>e</u>ni]
Jeremy [j<u>e</u>r*mi]	Jerry [j<u>e</u>ri]
Jerome [j*r<u>ou</u>m]	Jerry [j<u>e</u>ri]
Jerry [j<u>e</u>ri]	
Jesse / Jessie [j<u>e</u>si]	Jess [j<u>e</u>s]
Jessica [j<u>e</u>sik*]	
Jesus [j<u>ii</u>z*s]	
Jewel [j<u>u</u>*l]	
Jill [j<u>i</u>l]	
Joan [j<u>ou</u>n]	Joni [j<u>ou</u>ni]
Joanna [jow<u>a</u>n*]	
Joanne [jow<u>a</u>n]	
Joaquin [wak<u>i</u>n]	
Jody [j<u>ou</u>di]	
Joe [j<u>ou</u>]	*(Joseph)*
John [j<u>o</u>n]	Johnny [j<u>o</u>ni]
Johnny [j<u>o</u>ni]	*(John)*
Jolie [jol<u>ii</u>]	

Jonathan [jon*th*n]	Jon [jon]
Jordan [jood*n]	
José [hosei / hozei]	
Joseph [jouzif]	Joe [jou]
Joshua [joshuw*]	Josh [josh]
Joy [joi]	
Joyce [jois]	
Juan [huan]	
Judith [juudith]	Judy [juudi]
Judy [juudi]	
Julia [juuli*]	
Julian [juuli*n]	
Julie [juuli]	
June [juun]	
Justin [jastin]	
Karen [kar*n]	
Kathleen [kathliin]	Kath / Kate [kath / keit]
Kayla [keila]	
Keith [kiith]	
Kelly [keli]	
Kendra [kendr*]	
Kenneth [kenith]	Ken / Kenny [ken / keni]
Kevin [kevin]	Kev [kev]
Kim [kim]	
Kimberly [kimb*li]	Kim [kim]
Kyle [kail]	
Lance [laans]	
Larry [lari]	*(Lawrence)*
Laura [loor*]	

Lauren [lor*n / loor*n]	
Laurie [lori / loori]	
Lawrence [lor*ns]	Larry [lari]
Lee [lii]	
Leo [liou]	
Leon [lion]	
Leonard [len*d]	Len / Lenny [len / leni]
Leonardo [li*naadou]	
Lesley [lezli]	
Leslie [lezli]	
Lester [lest*]	Les [les]
Liam [li*m]	
Lilian [lili*n]	Lil [lil]
Lily [lili]	
Linda [lind*]	
Linton [lint*n]	
Lionel [lai*n*l]	
Lisa [liis* / liiz*]	
Liza [laiz*]	
Lloyd [loid]	
Logan [loug*n]	
Lorraine [l*rein]	
Louis [luwi / luis]	Lou [luu]
Louise [luiiz]	
Lowell [low*l]	
Lucille [luusiil]	
Lucy [luusi]	
Lucinda [luusind*]	
Luigi [luiiji]	

Luke [luuk]	
Lyle [lail]	
Lynn [lin]	
Maceo [meisiou]	
Madeleine [mad*lin]	
Madison [madis*n]	
Mahalia [m*heili*]	
Malcolm [malk*m]	Malc / Mac [malk / mak]
Margaret [maag*rit]	Maggy / Maggie / Meg [magi / magi / meg]
Margot [maagou]	
Maria [m*ri*]	
Marie [m*rii]	
Marianne [marian]	
Marion [mari*n]	
Marilyn [mar*lin]	
Marjorie [maaj*ri]	Marge [maaj]
Mark / Marc [maak]	Markie [maaki]
Marlon [maal*n]	
Marshall [maash*l]	
Martha [maath*]	
Martin [maatin]	
Marvin [maavin]	
Mary [me*ri]	
Matthew [mathyuu]	Matt / Matty [mat / mati]
Maureen [mooriin]	
Maurice [moris (UK) / m*riis (US)]	
Mavis [meivis]	

Maxine [maksiin / maksiin]	
Maxwell [makswel]	Max [maks]
Maybelle [meibel]	
Megan / Meghan [meg*n]	Meg [meg]
Melanie [mel*ni]	
Melinda [m*lind*]	
Melissa [m*lis*]	
Melvin [melvin]	
Merry [meri]	
Meryl [mer*l]	
Michael [maik*l]	Mike / Mick / Micky [maik / mik / miki]
Michel [mishel]	
Michelle [mishel]	
Miles [mailz]	
Millicent [milis*n(t)]	Millie [mili]
Millie [mili]	
Milton [milt*n]	Milt [milt]
Molly [moli]	
Mona [moun*]	
Monica [monik*]	
Morgan [moog*n]	
Moses [mouziz]	Mose [mouz]
Muriel [myuuri*l]	
Nancy [nansi]	
Naomi [ney*mi]	
Natalie [nat*li]	
Nathan [neith*n]	Nate [neit]

Nathaniel [n*th<u>a</u>ni*l]	Nat [n<u>a</u>t]
Ned [n<u>e</u>d]	
Neil [n<u>ii</u>l]	
Neville [n<u>e</u>v*(l)]	
Nicholas [n<u>i</u>k*l*s]	Nick / Nicky [n<u>i</u>k / n<u>i</u>ki]
Nicola [n<u>i</u>k*l*]	
Nicole [nik<u>ou</u>l]	
Nigel [n<u>ai</u>j*l]	
Nina [n<u>ii</u>n*]	
Nitin [n<u>i</u>tin]	
Noah [n<u>o</u>w*]	
Noël [n<u>o</u>*l / now<u>e</u>l]	
Nona [n<u>ou</u>n*]	
Nora / Norah [n<u>oo</u>r*]	
Norman [n<u>oo</u>m*n]	
Oliver [<u>o</u>liv*]	Olly [<u>o</u>li]
Olivia [*l<u>i</u>vi*]	Liv [l<u>i</u>v]
Ornette [oon<u>e</u>t]	
Oscar [<u>o</u>sk*]	
Otis [<u>ou</u>tis]	
Pamela [p<u>a</u>m*l*]	Pam [p<u>a</u>m]
Parker [p<u>aa</u>k*]	
Patricia [p*tr<u>i</u>sh*]	Pat / Patty / Trish [p<u>a</u>t / p<u>a</u>ti / tr<u>i</u>sh]
Patrick [p<u>a</u>trik]	Pat / Paddy [p<u>a</u>t / p<u>a</u>di]
Patsy [p<u>a</u>tsi]	
Paul [p<u>oo</u>l]	
Paula [p<u>oo</u>l*]	
Paulette [pool<u>e</u>t]	
Pauline [p<u>oo</u>liin / pool<u>ii</u>n]	

Pearl [p**l]	
Peggy [pegi]	
Penelope [p*nel*pi]	Penny [peni]
Percy [p**si]	
Peter [piit*]	Pete [piit]
Philip [fili(p)]	Phil [fil]
Philippa [filip*]	Pip / Pippa [pip / pip*]
Polly [poli]	
Rachel [reich*l]	
Rafael / Raphael [rafail]	
Ralph [ralf]	
Randolph [randolf]	
Randy [randi]	
Roxanne [roxan]	
Ray [rei]	
Raymond [reim*n(d)]	
Rebecca [ribek*]	Becky / Becca [beki / bek*]
Reginald [rejin*l(d)]	Reg / Reggie [rej / reji]
René [r*nei]	
Renée [r*nei]	
Reuben / Ruben [rubin]	
Rex [rex]	
Rhiannon [rian*n]	
Richard [rich*d]	Rick / Rickie / Dick / Dickie [rik / riki / dik / diki]
Rickie [riki]	
Robert [rob*t]	Rob / Robbie / Bob / Bobby [rob / robi / bob / bobi]
Robin [robin]	

Rodney [rodni]	Rod [rod]
Roger [roj*]	Rog [roj]
Roland [roul*n(d)]	
Ronald [ron*l(d)]	Ron / Ronnie [ron / roni]
Ronan [roun*n]	
Rosalind [roz*lin(d)]	
Rosamund [roz*m*n(d)]	
Rosanne [rouzan]	
Rosco / Roscoe [roskou]	
Rose [rouz]	Rosie [rouzi]
Rosetta [rouzeta]	
Roy [roi]	
Ruby [ruubi]	
Rudolph [ruudolf]	Rudy [ruudi]
Rufus [ruuf*s]	
Russell [ras*l]	Russ [ras]
Ruth [ruuth]	Ruthie [ruuthi]
Ryan [rai*n]	
Sadie [seidi]	
Sally [sali]	
Samantha [s*manth*]	Sam [sam]
Samuel [samyu*l]	Sam / Sammy [sam / sami]
Sandra [saandr*]	Sandy [sandi]
Sarah / Sara [se*r*]	
Scott [skot]	Scotty [skoti]
Sean [shoon]	
Sebastian [s*basti*n]	Seb [seb]
Serena [suriin*]	
Shane [shein]	

Shannon [sh<u>a</u>n*n]	
Sharon [sh<u>ar</u>*n]	
Sheila [sh<u>ii</u>l*]	
Shelby [sh<u>e</u>lbi]	
Shelly [sh<u>e</u>li]	
Shirley [sh**li]	
Simon [s<u>ai</u>m*n]	
Sinéad [shin<u>ei</u>d]	
Solomon [s<u>o</u>l*m*n]	
Sophia [s<u>ou</u>fi* / s*f<u>ii</u>a]	
Sophie [s<u>ou</u>fi]	
Stanley [st<u>a</u>nli]	Stan [st<u>a</u>n]
Stella [st<u>e</u>l*]	
Stephanie [st<u>e</u>f*ni]	Steph / Steff / Steffy [st<u>e</u>f / st<u>e</u>f / st<u>e</u>fi]
Stephen / Steven [st<u>ii</u>v*n]	Steve [st<u>ii</u>v]
Susan [s<u>uu</u>z*n]	Sue / Susie [s<u>uu</u> / s<u>uu</u>zi]
Sybil [s<u>i</u>b*l]	
Sylvester [silv<u>e</u>st*]	Sly [sl<u>ai</u>]
Tanya [t<u>a</u>ny*]	
Terence [t<u>e</u>r*ns]	Terry [t<u>e</u>ri]
Thelma [th<u>e</u>lm*]	
Thelonious [th*l<u>ou</u>ni*s]	
Theodore [th<u>i</u>odoo]	Teddy [t<u>e</u>di]
Theresa / Teresa [t*r<u>ii</u>za / t*r<u>ii</u>sa]	Terry [t<u>e</u>ri]
Thomas [t<u>o</u>m*s]	Tom / Tommy [t<u>o</u>m / t<u>o</u>mi]
Timothy [t<u>i</u>m*thi]	Tim / Timmy [t<u>i</u>m / t<u>i</u>mi]
Toby [t<u>ou</u>bi]	

Todd [tod]	
Tyler [tail*]	
Tyrone [tairoun / tairoun]	
Ulysses [yuulisiiz]	
Valerie [val*ri]	
Van Dyke [vandaik]	
Vanessa [v*nes*]	
Vera [vi*r*]	
Verity [ver*ti]	
Veronica [v*ronik*]	Ronnie [roni]
Victor [vikt*]	Vic [vik]
Victoria [viktoori*]	Vicky [viki]
Vincent [vins*n(t)]	Vince [vins]
Virginia [v*jini*]	Ginny [jini]
Walter [woolt*]	Walt [woolt]
Warren [wor*n]	
Wayne [wein]	
Whitney [witni]	
William [wili*m]	Will / Willy / Willie / Bill / Billy / Billie [wil / wili / wili / bil / bili/ bili]
Wilfred [wilfrid]	Wilf [wilf]
Wilson [wils*n]	
Winnifred [winifrid]	Winnie [wini]
Winston [winst*n]	
Yvonne [ivon]	
Zachary [zak*ri]	Zack [zak]
Zane [zein]	
Zev [zev]	

【付録2 surnames】

　日本でも名字というものの読み方は一筋縄では行きませんね。英語圏も摩訶不思議な読み方（Featherstonehaugh → fanshoo など）がありますがそういうものは今回対象にしません。

　むしろこの本で説明している英語発音のルールさえ理解していればわかるものが多いはずです。

　そこで頻繁に勘違いされているタイプの名前を少しグループ分けしました。

McCann [m*kan]

McCartney [m*kaatni]

McCoy [m*koi]

McKenzie [m*kenzi]

McKinley [m*kinli]

McKinnon [m*kin*n]

　これは同じ子音が二つ続いてもちいさい「っ」を入れずに発音すること。

　ちなみにポール・ムカートニとあるとき電話インタヴューをしたことがあって、彼がソロで初めて武道館に出ることが決まっていました。彼は「ブードカーン」と言っていたので、「いえ、ブドーカンと言わないと日本人にはわかりませんよ」と教えて、そのときちゃんと言いましたが、翌日別のメディアでま

た「ブードカーン」と言っているのが聞こえて、やはりそう簡
単には直らないものだと思いました。

McDonald [m*kdon*l(d)]	
McFerrin [m*kferin]	
McLaughlin [m*kloklin]	
McLean [m*kliin / m*klein]	
McLeod [m*klaud]	

　この辺は有名人がいるのでなじみがある名前かと思います。
「マクドナルド」では予想以上にわかりにくいです。「マクファー
リン」はレコード会社の担当者の単なる間違いが一人歩きして
います。「マクラフリン」はもっともらしく見えますが、「マク
ロホリン」に近い発音です。

McGuinn [m*gwin]	
McGowan [m*gaw*n]	
McGoldrick [m*gouldrik]	
McGuire [m*gwai*]	

Mc の後が G の場合は c を発音しません。

| McEnroe [mak*nrou] |
| McIntosh [makintosh] |
| McIntyre [makintai*] |

Mc の後が母音の場合は（例外もありますが…）Mc のほうを
強調します。

　テニス界の大物 John McEnroe のことを日本に来てから知っ
たので長年「マ<u>ケ</u>ンロー」だと思い込んでいましたが、彼が解
説者になってから英語圏の司会者に「ジョン・<u>マ</u>クンロー」と
紹介されるのを聞いて納得しました。

| O'Hara [ouhaar*] |
| O'Riley [ouraili] |
| O'Connor [oukon*] |
| O'Donoghue [oudonohyuu] |
| O'Keefe [oukiif] |
| O'Neil [ouniil] |
| O'Riordan [ouri*d*n] |
| O'Rourke [ouru*k] |

　アイルランドの名字で O' で始まるものが多いです。スコッ
トランドの Mc/Mac と同じように…の息子という意味です。
ちなみに女性の場合は O' の代わりに Ni を使う場合がありま
すが、アイルランドの文化を知らない人の混乱を避けるためか
女性でも O' を使うことが多いです。

O' の発音は長いです。

Anderson [a̲nd∗s∗n]	
Benson [be̲ns∗n]	
Edison [e̲dis∗n]	
Harrison [ha̲ris∗n]	
Jackson [ja̲ks∗n]	
Jefferson [je̲f∗s∗n]	
Johnson [jo̲ns∗n]	
Robertson [ro̲b∗ts∗n]	
Watson [wo̲ts∗n]	
Williamson [wi̲li∗ms∗n]	
Wilson [wi̲ls∗n]	

　…son という名字も誰々の息子（子孫）であることを示しています。北欧などだったら「ソン」と発音しますが、英語では「スン」になります。「ジェファスン」という名前を「ジェファーソン」というと丸っきり違う人のように思われかねません。

Adderley [a̲d∗li]	
Ainsley [e̲inzli]	
Carey [ke̲∗ri]	
Diddley [di̲dli]	
Knightley [na̲itli]	

Mobley [m<u>ou</u>bli]	

Mobley [m<u>ou</u>bli]

Marley [m<u>aa</u>li]

Morley [m<u>oo</u>li]

Presley [pr<u>e</u>zli / pr<u>e</u>sli]

　…ey で終わる名字がたくさんあります。本文でも書きましたが、Grey（グレイ）とか Frey（フライ）のようなわずかな例外を除けば圧倒的に短く「イ」と発音します。俳優の Keira Knightley も「キーラ・ナイトリ」ですから、映画会社の方、よろしく！

Adams [<u>ad</u>*mz]

Andrews [<u>andruuz</u>]

Atkins [<u>akkinz</u>]

Evans [<u>ev</u>*nz]

Hopkins [h<u>opkinz</u>]

Hoskins [h<u>oskinz</u>]

James [j<u>eimz</u>]

Loggins [l<u>oginz</u>]

Perkins [p**kinz]

Rollins [r<u>olinz</u>]

Watkins [w<u>okkinz</u>]

　本文で書いたように、語尾が s の場合は、その前の文字が有声音なら「ズ」、無声音だったら「ス」と発音します。極めて

簡単です。なのに日本では勘違いされるケイスがとても多いです。

Scaggs [sk<u>a</u>gz]	
Stills [st<u>i</u>lz]	
Williams [w<u>i</u>li*mz]	

　ｇもｌもｍも、どれも有声音ですから、最後のｓも有声音の「ズ」になります。

　ただし…

Davis/Davies [d<u>ei</u>vis]	
Imus [<u>ai</u>m*s]	
Lewis [l<u>ui</u>s]	
Soros [s<u>oo</u>ros]	
Thomas [t<u>om</u>*s]	

　こんな例外があります。ルールというほどではないかも知れませんが、どうやら語尾のｓの前にｅ以外の母音が来ると「ス」になるような印象です。

Chambers [ch<u>ei</u>mb*z]	
Rogers [r<u>oj</u>*z]	

Sanders [s<u>aa</u>nd∗z]

Saunders [s<u>oo</u>nd∗z]

Walters [w<u>oo</u>lt∗z]

Withers [w<u>i</u>th∗z]

　ス・ズの問題のほかに er の発音で更に話が厄介になってき
ます。

　繰り返しになりますが、er の発音は強調する場合にのみ延
ばし、強調しない場合は短いです。日本の文科省もこれがわかっ
ていますが、日本人に「er ＝ アー」のイメージが定着してい
るために教科書ではすべてそのようにしています。しかし、そ
れでは英語の上達を妨害することになります。

　いずれにしても有声音なので、最後は「ズ」ですね。

Ayler [<u>ai</u>l∗]

Carpenter [k<u>aa</u>p∗nt∗]

Chandler [ch<u>aa</u>ndl∗]

Cooper [k<u>uu</u>p∗]

Fletcher [fl<u>e</u>ch∗]

Garner [g<u>aa</u>n∗]

Knopfler [n<u>o</u>fl∗]

Palmer [p<u>aa</u>m∗]

Pepper [p<u>e</u>p∗]

Taylor [t<u>ei</u>l∗]

Turner [t∗∗n∗]

…er で終わる名字は多くの場合職業を表すものです。例えば Carpenter は大工、Chandler はロウソク職人、Cooper は樽屋、Fletcher は矢を作る人。Mark Knopfler の発音は長年疑問でしたが、元マネジャー（本当はマニジャ）の話を聞いて「ノフラ」であることを知りました。

Becker [b<u>e</u>k∗]	
Cocker [k<u>o</u>k∗]	
Hooker [h<u>u</u>k∗]	
Parker [p<u>aa</u>k∗]	
Tucker [t<u>a</u>k∗]	
Walker [w<u>oo</u>k∗]	

「っ」を入れたくなる気持ちを抑えましょう！「ベカ」、「コカ」、「フカ」、慣れるといいです。

Mitchell [m<u>i</u>ch∗(l)]	
Raitt [r<u>ei</u>t]	
Russell [r<u>a</u>s∗(l)]	
Thatcher [th<u>a</u>ch∗]	
Zappa [z<u>a</u>p∗]	

こちらも「っ」が不要です。
だいたい英語の「標準語」には「っ」がほとんど存在しません。

子音を平気で飲み込んでしまうコクニ訛りなどで、例えば vodka が vokk∗（日本語に近いですね！）に化けてしまいますが、後は先ほどの Atkins や Watkins のように、コクニでなくても 99％の英語圏人が「アッキンズ」、「ウォッキンズ」と発音する程度です。

Pettiford [pe̲tif∗d]

Redford [re̲df∗d]

Stafford [sta̲f∗d]

　…ford で終わるものは、本文で述べた Oxford（オクスフッド）と同じ要領です。

Kelly [ke̲li]

Holly [ho̲li]

Metheny [m∗thi̲ini]

Crosby [kro̲zbi]

　語尾の「イ」は短い。Crosby では s の次の文字は有声音の b なので「クロズビ」です。Metheny は確かに紛らわしいですが、本人（Pat Metheny）が m∗thi̲ini と発音しているので、媒体関係者の皆さん、それに逆らうことが失礼ですよ。

Dalton [doolt*n]
Daltry [dooltri]

本文でも触れましたが、al は多くの場合に ool と発音されます。

最後に、有名人の名前で間違った表記が多いものをいくつかあげておきます。

まず過去の政治家

Chamberlain [cheimb*lin]
Eisenhower [aiz*nhaw*]
Lincoln [link*n]
Major [meij*]
Roosevelt [rouzvelt]
Washington [woshint*n]

それにミュージシャン、俳優、作家などの文化人。特に媒体関係者の方に注意深く見ていただきたいです。間違った表記が延々と一人歩きすることはあるまじき姿だと思います。

Attenborough [at*nb*r*]
Balin [beilin]
Beatty [beiti / biiti]
Buchanan [byuukan*n]

Cobain [kob<u>ai</u>n]

Coltrane [koltr<u>ei</u>n / k<u>ou</u>ltrein]

Desmond [d<u>e</u>zm∗n(d)]

Fagen [f<u>ei</u>g∗n]

Fitzgerald [fitsj<u>e</u>r∗l(d)]

Gabriel [g<u>ei</u>bri∗(l)]

Kazan [k∗z<u>a</u>n]

Leonhart [l<u>e</u>nhaat]

Marsalis [maas<u>a</u>lis]

Martino [maat<u>ii</u>nou]

Monk [m<u>a</u>nk]

Montgomery [mong<u>om</u>∗ri (UK)　montg<u>om</u>∗ri (US)]

Motian [m<u>ou</u>sh∗n]

Murray [m<u>a</u>ri]

Rebennack [r<u>e</u>b∗nak]

Simone [sim<u>ou</u>n]

White [w<u>ai</u>t]

Winterbottom [w<u>i</u>nt∗bot∗m]

Womack [w<u>ou</u>mak]

　このリストはあくまで一部分にすぎません。英語圏の人間でも人の名前を間違って発音するケイスがやたらにありますし、それはしかたのないことですが、できるだけ正しく言おうとする努力が肝心だと思います。

　疑問のある場合はいつでもメイルをください。

【付録 3 countries】

このリストはあくまで一部分で、英語圏での読み方です。

【A】

Argentina / Argentinian [aaj∗ntiin∗ / aaj∗ntini∗n]

Armenia / Armenian [aamiini∗ / n]

Australia / Australian [ostreili∗ / n]

Austria / Austrian [ostri∗ / n]

【B】

the Bahamas / Bahamian [th∗ b∗haam∗z / b∗heimi∗n]

Barbados / Barbadian [baabeidos / baabeidi∗n]

Belgium / Belgian [belj∗m / belj∗n]

【C】

Cambodia / Cambodian [kamboudi∗ / n]

Canada / Canadian [kan∗d∗ / k∗neidi∗n]

Cape Verde / Cape Verdian [keip v∗∗d / i∗n]

Côte d'Ivoire / Ivoirian [kou(t) divwaa / ivwaari∗n]

Croatia / Croatian [kroweish∗ / n]

Cuba / Cuban [kyuub∗ / n]

Cyprus / Cypriot [saipr∗s / sipri∗t]

Czech Republic / Czech [chek ripablik / chek]

【D】

Djibouti / Djiboutian [jib<u>uu</u>ti / *n]

【E】

East Timor / East Timorese [iis(t) t<u>i</u>imoo / iis(t) tiimor<u>ii</u>z]

Egypt / Egyptian [<u>ii</u>jip(t) / <u>iji</u>psh*n]

England / English / Englishman / Englishwoman [<u>i</u>ngl*nd / <u>i</u>nglish / <u>i</u>ngishm*n / <u>i</u>nglishwum*n]

Ethiopia / Ethiopian [iithi<u>ou</u>pi* / n]

【F】

France / French / Frenchman / Frenchwoman [fr<u>aa</u>ns / fr<u>e</u>nch / fr<u>e</u>nchm*n / fr<u>e</u>nchwum*n]

【G】

Germany / German [j**m*ni / j**m*n]

Ghana / Ghanaian [g<u>aa</u>n* / gaan<u>ei</u>*n]

Gibraltar / Gibraltarian [jibr<u>oo</u>lt* / jibroolt<u>e</u>*ri*n]

Greece / Greek [gr<u>ii</u>s / gr<u>ii</u>k]

Greenland / Greenlandic / Greenlander [gr<u>ii</u>nl*n[d] / gr<u>ii</u>nlandik / gr<u>ii</u>nland*]

Guyana / Guyanese [gai<u>aa</u>n* / gaian<u>ii</u>z]

【H】

Haiti / Haitian [ha<u>ii</u>ti or h<u>e</u>iti / h<u>e</u>ishan]

Honduras / Honduran [honj<u>uu</u>r*s / honj<u>uu</u>r*n]

[I]

Ireland / Irish / Irishman / Irishwoman [ai*l*n(d) / ai*rish / ai*rishm*n / ai*rishwum*n]

Isle of Man / Manx / Manxman / Manxwoman [ail *v man / manks / manksm*n / mankswum*n]

Israel / Israeli [izr*l / izreili]

Italy / Italian [it*li / itali*n]

[J]

Jamaica / Jamaican [j*meik* / n]

Jordan / Jordanian [jood*n / joodeini*n]

[K]

Kuwait / Kuwaiti [kwei(t) / kweiti]

Kyrgyzstan / Kyrgyz [k**gistan / k**giz]

[L]

Laos / Laotian [laos / laoush*n]

Lebanon / Lebanese [leb*n*n / leb*niiz]

Liberia / Liberian [laibi*ri* / n]

Lithuania / Lithuanian [lithueini* / n]

Luxembourg / Luxembourger [laks*mb**g / *]

[M]

Macedonia / Macedonian [mas*douni* / n]

Madagascar / Malagasy [mad*gask* / mal*gasi]

Malta / Maltese [moolt* / mooltiiz]

Mauritania / Mauritanian [moriteini* / n]

Mexico / Mexican [meksikou / meksik*n]

Micronesia / Micronesian [maikr*niizha / n]

Moldova / Moldovan [moldouv* / n]

Monaco / Monegasque [mon*kou / monegask]

Montenegro / Montenegrin [mont*negrou / montenegrin]

【N】

Nepal / Nepalese [nipoo(l) / nep*liiz]

Netherlands / Holland / Dutch [neth*l*nz / hol*n(d) / dach]

Niger / Nigerien [nije* / nijerian]

Norway / Norwegian [noowei / noowiij*n]

【O】

Oman / Omani [*maan / i]

【P】

Pakistan / Pakistani [pakistaan / i]

Palestine / Palestinian [pal*stain / pal*stini*n]

Panama / Panamanian [pan*maa / pan*meini*n]

Papua New Guinea / Papua New Guinean [papyu* nyuu gini / *n]

Peru / Peruvian [p*ruu / p*ruuvi*n]

the Philippines / Filipino / Filipina [th* filipiinz / filipiinou / filipiin*]

Poland / Polish / Pole [poulan(d) / poulish / poul]

Portugal / Portuguese [poochug∗l / poochugiiz]

【Q】
Qatar / Qatari [k∗taa / ri]

【R】
Romania / Romanian [roumeini∗ / n]

Russia / Russian [rash∗ / n]

【S】
Saudi Arabia / Saudi [saudi∗reibi∗ / saudi]

Scotland / Scottish / Scots / Scotsman / Scotswoman[skotl∗n(d) / skotish / skots / skotsm∗n / skotswum∗n]

Senegal / Senegalese [senig∗l / senig∗liiz]

Serbia / Serbian / Serb [s∗∗bi∗ / n / s∗∗b]

Sierra Leone / Sierra Leonean [sie∗r∗ lioun / i∗n]

Singapore / Singaporean [singapoo / singapoori∗n]

Spain / Spanish / Spaniard [spein / spanish / spany∗d]

Sudan / Sudanese [suudan / suud∗niiz]

Suriname / Surinamese [surinaam / surinamiiz]

Swaziland / Swazi [swaazilan(d) / swaazi]

Sweden / Swedish / Swede [swiid∗n / swiidish / swiid]

Switzerland / Swiss [swits∗l∗n(d) / swis]

【T】
Tajikistan / Tajik [tajikistaan / tajik]

Thailand / Thai [tailan(d) / tai]

Togo / Togolese [tougou / tougoliiz]

Trinidad and Tobago / Trinidadian [trinidad *n t*beigou / trinidadi*n]

Tunisia / Tunisian [chunizi* / n]

Turkey / Turkish / Turk [t**ki / t**kish / t**k]

Turkmenistan / Turkmen [t**kmenistaan / t**kmen]

Tuvalu / Tuvaluan [tuuvaluu / tuvalu*n]

【U】

Uganda / Ugandan [yugand* / n]

Ukraine / Ukrainian [yukrein / i*n]

United Arab Emirates / Emirati [yunaitid ar*b emir*ts / emiraati]

United Kingdom of Great Britain and Northern Ireland / British / Briton [yunaitid kin(g)d*m *v grei(t) brit*n *n nooth*n ai*rl*n(d) / british / brit*n]

United States of America / American [yunaiti(d) steits *v *merik* / *merik*n]

Uruguay / Uruguayan [yur*gwai / yur*gwai*n]

Uzbekistan / Uzbek [uzbekistaan / uzbek]

【V】

Vanuatu / Ni-Vanuatu [vanuaatuu / ni-vanuaatu]

Vietnam / Vietnamese [vi*tnaam / vietn*miiz]

【W】

Wales Welsh / Welshman / Welshwoman [weilz / welsh / welshm*n / welshwum*n]

Western Sahara / Sahrawi [west*n s*haar* / saraawi]

【Y】

Yemen / Yemeni [yem*n / i]

【Z】

Zimbabwe / Zimbabwean [zimbabwi / *n]

【付録 4 place names】

　地名の発音は国のよって実にバラバラです。同じ英語圏でも、同じ国の人同士でも、地方訛りなどがあるため全員が同じように発音するとも限りませんが、とにかく明らかに日本の発音と違うものを色々選んでみました。やはり各国の首都や主要都市が多いですね。これはあくまで英語圏の人たちの呼び方を記したものです。

　イングランドの地名が多くて申し訳ないですが、特に難度の高いところが多くて….

UK

London [land*n]

Oxford [oksf*d]

Cambridge [keimbrij]

Liverpool [liv*puul]

Manchester [manchist*]

Birmingham [b**min(g)*m]

Gloucester [glost*]

Leicester [lest*]

Worcester [wust*]

Greenwich [grenij / grenich]

Norwich [norij / norich]

Woolwich [wulij / wulich]

Warwick [worik]

Durham [da̲r*m]

Kilburn [ki̲lb*n]

Finchley [fi̲nchli]

Swiss Cottage [swi̲s ko̲tij]

Wembley [we̲mbli]

USA

Los Angeles [losa̲nj*lis]

Washington [wo̲shint*n]

Muscle Shoals [ma̲s*l sho̲ulz]

New Orleans [nwa̲a̲l*nz（現地での発音）/ ny̲uu ooli̲inz（部外者）]

Phoenix [fi̲iniks]

France

Paris [pa̲ris]

Marseille [maase̲i]

Cannes [ka̲n]

Monte Carlo [mo̲nti ka̲alou]

Champagne [shampe̲in]

Italy

Rome [ro̲um]

Milan [mila̲n]

Firenze / Florence [flo̲r*ns]

Venezia / Venice [ve̲nis]

Greece

Athens [a̲th*nz]

Germany

Berlin [b*li̲n]

Hamburg [ha̲mb**g]

Frankfurt [fra̲nkf**t]

Munich [myu̲u̲nik]

Köln (Cologne) [k*lo̲u̲n]

Austria

Vienna [vie̲n*]

Switzerland

Zurich [zyu̲u̲rik]

Berne [b**n]

Geneva [j*ni̲i̲v*]

Belgium

Brussels [bra̲s*lz]

Antwerp [a̲ntw**p]

Netherlands

Amsterdam [a̲mst*dam]

Rotterdam [ro̲t*dam]

Czech Republic

Prague [pr<u>aa</u>g]

Poland

Warsaw [w<u>oo</u>soo]

Denmark

Copenhagen [k<u>ou</u>p∗nheig∗n]

Sweden

Göteborg / Gothenburg [g<u>o</u>th∗nb∗∗g]

Russia

Moscow [m<u>o</u>skou]

St Petersburg [s∗n(t) p<u>ii</u>t∗zb∗∗g]

Vladivostok [vladiv<u>o</u>stok]

〈付録の基本ルール〉

㊷ 同じ子音が二つ続いてもちいさい「っ」を入れずに発音する。英語の「標準語」には「っ」がほとんど存在しない。

㊸ …son という名字は誰々の息子（子孫）であることを示しており、英語では「スン」と発音する。

㊹ 語尾が s の場合は、その前の文字が有声音なら「ズ」、無声音だったら「ス」と発音する。

㊺ er の発音は強調する場合にのみ延ばし、強調しない場合は短い。「er＝アー」のイメージが定着しているために教科書ではすべてそのようにしているが間違い。

㊻ al は多くの場合 ool と発音される。

あとがき

　いやいや、senior citizen に差しかかっていますなんて、12年前に書きましたね。そのときはまだ57歳でしたが、この原稿を書いている2021年の8月には70歳になり、れっきとした高齢者の仲間入りをすることになります。

　ぼくと同世代の日本人はアメリカの大衆文化が日本に大量に輸入されている時期に育っています。洋画や洋楽が最も影響力を持っていた時代かも知れません。レコード、映画、テレビ番組などで頻繁に英語に触れていたので少なくとも耳なじみではあったと思います。ただ、英語の教え方には問題があります。そのために「英語が苦手です」と言う日本人が驚くほど多く、せっかく習ったものが生かされていないのです。

　今の時代は若い人が接する大衆文化はもっぱら日本国内のものなので、耳なじみの分すらなくなっていると思います。しかし、幸か不幸か英語はますます世界の共通語になっています。そしてコロナ禍以前から日本を訪れる海外からの旅行者は大都市だけでなく、地方のそうとう辺鄙なところまで積極的に出かけるようになっていたので、それまでは英語に触れることがまったくないような人でも、日常生活の中で使うことが増えたはずです。今後またそんな状況が戻ってきたときに少しは備えておいたほうがいい気もします。

　流ちょうに話す必要はありません。文法も若干間違っていても誰も気にしません（こんなことを書くと学校の先生などに激怒されそうです……）。**ただ単語をつなげただけでも、発音さ**

えしっかりしていればなんとか通じるものです。そのためにこの本が少しでも役に立てばと思います。

　通じる、通じないというのは一番重要ですが、**もう一つ強調したいのは人の名前を正しく言うことです。**これはその人に対する礼儀でもあると思います。外国人の名前に関しては日本のメディアは概ねまじめに取り組んでいる印象ですが、英語圏の人たちに限って言うと間違いだらけです。この 12 年の間に少しは進展も見られます。例えばテニス界の大スター Serena Williams は最近ちゃんとセリーナ・ウィリアムズと表記されるようになりました。でも、同じ要領でアリーサ・フランクリンと書けばいいのに、2018 年に亡くなった最高峰のソウル・シンガーの Aretha Franklin はいまだに「アレサ」とでたらめに書かれ続けています。ちょうどこの原稿を書いている時点で彼女の絶頂期の姿を捕らえたコンサート映画「アメイジング・グレイス」が公開中で、日本でもこれまで以上にアリーサの知名度が上がりそうな気配があるので、ぜひ彼女の名前を正しく覚えましょう。

　Usain Bolt については本文でも書きました。もう引退したので特に追加するつもりはありませんでしたが、先日テレビを見ていたら NHK の『世界ふれあい街歩き』でロンドンを取り上げていました。ガイドの女性が 2012 年ロンドン・オリンピックの競技場を案内していて、「ユーセイン・ボウルトの数々の記録が生まれたところです」とはっきり話しているにもかかわらず、字幕では「ウサイン・ボルト」となっています。もう、次世代に期待するしかないかな…。

繰り返しになりますが、小学生の皆さんにぜひこの本を読んで欲しいです。あまりにも長く間違った英語表記が日本に定着しているので、今の大人たちの既成概念を変えることは至難の業です。英語の教え方そのものを変えるのも容易なことではないでしょう。しかし、本当は英語教育革命が必要です。革命というのは上からではなく、下から起きるものです。特に言葉遣いに関しては、よくも悪くも新しい流行はほとんど小学生から生まれるという印象です。彼女たち（言葉に関してはどちらかといえば女の子のほうが敏感ではないかな）からそんな革命が起きたら素敵なことだと思います。最初は一人、二人からでもいい。正しく言えたことがちょっとカッコいいと思われたら隣の子も真似する、そんなことをぼくは相変わらずの甘い考えで想像しています。

　もちろん教育現場でも、一人ひとりの教師がこの本に価値を認めれば授業に生かして欲しいです。それから仕事で日常的に英語を使う外資系の企業に勤める方、IT 関係の方など、ビジネスで相手から一目置かれたい気持ちがあれば発音を磨くことはとても効果的だと思います。

　ぼくがはるか昔、東京で暮らしはじめた 1970 年代半ばに FEN という米軍放送をよく部屋で聞いていました。日本に滞在する兵士たちのために窪田ひろ子さんという方が毎日「今日の一言」（Phrase of the day）ということで日本語の簡単な表現をを英語で説明していました。そしてそのコーナーの最後に必ず「A little language goes a long way」というちょっとダサ

い締めくくりをしていました。ダサい、けれど、一生忘れない
ものです。そして嘘ではないです。ぼくも今日はダサい親父で
終わりましょう。

　でも、最後の最後はぼくのマントラで締めますね。

「ローマ字は英語ではありません」

　覚えていてくださいね。

ピーター・バラカン

［著者］

ピーター・バラカン (Peter Barakan)

1951年ロンドン生まれ。ロンドン大学日本語学科を卒業後、1974年、音楽出版社で著作権関係の仕事に就くため来日。80年代にはYMOとそのメンバーの海外コーディネイションを担当。84年から3年半、TBSテレビのミュージック・ヴィデオ番組『ザ・ポッパーズMTV』の司会を務めた。現在はフリーランスのブロードキャスターとして活動し、『ウィークエンド・サンシャイン』(NHK-FM)、『バラカン・ビート』(Inter FM)、『ライフスタイル・ミュージアム』(Tokyo FM)、『ジャパノロジー・プラス』(NHK BS1、NHK World) などの番組を担当している。また、2014年から毎年音楽フェスティヴァル『Peter Barakan's Live Magic!』のキュレイターを務め、内外の素晴らしいミュージシャンを紹介している。おもな著書に『ロックの英詞を読む──世界を変える歌』『ピーター・バラカン音楽日記』(集英社インターナショナル)、『ラジオのこちら側で』(岩波新書)、「新版 魂 (ソウル) のゆくえ」(アルテスパブリッシング)、『テイキング・ストック』(駒草出版) がある。

面倒な発音記号がなくても大丈夫

ピーター・バラカン式 英語発音ルール

2021年9月22日 初版発行

著 者	ピーター・バラカン	
発 行 者	井上弘治	
発 行 所	**駒草出版** 株式会社ダンク出版事業部	
	〒110-0016 東京都台東区台東 1-7-1 邦洋秋葉原ビル2階	
	TEL 03-3834-9087　FAX 03-3834-4508	
	https://www.komakusa-pub.jp/	
編 集 協 力	株式会社ひとま舎	
装丁・デザイン	松田剛 (東京100ミリバールスタジオ)	
帯 写 真	©Parashoot Photo Productions	
印 刷 ・ 製 本	シナノ印刷株式会社